Oswin Wandelt

Sprichwörter und Sentenzen des altfranzösischen Dramas -

1100-1400

Oswin Wandelt

Sprichwörter und Sentenzen des altfranzösischen Dramas - 1100-1400

ISBN/EAN: 9783743487109

Hergestellt in Europa, USA, Kanada, Australien, Japan

Cover: Foto ©ninafisch / pixelio.de

Manufactured and distributed by brebook publishing software (www.brebook.com)

Oswin Wandelt

Sprichwörter und Sentenzen des altfranzösischen Dramas -

1100-1400

Sprichwörter und Sentenzen

des

altfranzösischen Dramas.

(1100—1400).

Inaugural-Dissertation

zur

Erlangung der Doktorwürde

bei

hoher philosophischer Fakultät zu Marburg

eingereicht von

Oswin Wandelt

aus

Görlitz in Schlesien.

Marburg
Fr. Sömmering's Buchdruckerei
1887.

Meinen lieben Eltern.

Vorwort.

Nachdem E. Ebert die Sprichwörter der afz. Karlsepen zusammengestellt und auf ihre Form und Verwendung hin untersucht hatte, war es die Absicht des Verfassers dieser Arbeit die Sprichwörter, welche sich in den französischen Dramen bis zum Schlusse des 14. Jahrhunderts finden, einer analogen Behandlung zu unterwerfen. Als diese Quellen jedoch eine zu geringe Zahl von Sprichwörtern lieferten, hielt er es für geraten, die Grenzen der Materialsammlung zu erweitern und die Sentenzen derselben Texte in den Kreis seiner Betrachtung mit hineinzuziehen.

Es ist allerdings leicht einzusehen, warum die Dramen des 12. - 14. Jahrhunderts nur wenig Material für die Sprichwörter liefern konnten; die Stoffe welche zu jener Zeit dramatisiert wurden, sind ja grösstenteils der Bibel oder den Heiligenlegenden entlehnt, und die Dichter haben sich zumeist streng an ihre Vorlagen gehalten. Grössere Ausbeute an Sprichwörtern werden sicherlich die Dramen von 1400 bis 1550 liefern, indem einerseits die grosse Anzahl komischer Stücke, die Farces und Sotties, aus dieser Zeit datieren, andrerseits die Mystères und Miracles dieser Periode eine selbständigere Behandlungsweise des ihnen zu

Grunde liegenden Stoffes bekunden und wenigstens der äusseren Ausdehnung nach die früheren Stücke weit hinter sich lassen. In einer Fortsetzung dieser Arbeit, welche bereits in Angriff genommen ist, beabsichtige ich das sprichwörtliche Material auch dieser Dramen zu behandeln und dann sowohl das Material als auch die Resultate zu einer zusammenhängenden Abhandlung zu vereinigen.

Während meine Untersuchung im Entwurfe bereits abgeschlossen vorlag, erschien Kadler's Arbeit: „Die Sprichwörter und Sentenzen in den afz. Artus- und Abenteuerromanen." So konnte ich vor der Veröffentlichung der vorliegenden Dissertation eine eingehende Vergleichung seiner Resultate mit den meinigen anstellen und hie und da auf spezifische Unterschiede des Gebrauchs und der Form der Sprichwörter und Sentenzen in den verschiedenartigen Gebieten der Litteratur näher eingehen; denn ich wollte nicht nur die aus meinem Material sich ergebenden Resultate mitteilen, sondern auch dieselben mit denen der Arbeiten meiner Vorgänger in Parallele stellen, die Ähnlichkeiten und Unterschiede bezüglich der Form und Anwendung der Sprichwörter in den verschiedenen Litteraturgattungen vor Augen führen. Wo schon Kadler in seiner Abhandlung die entsprechenden Abschnitte aus Ebert zum Vergleich herangezogen hat, ist in meiner Arbeit einfach auf Kadler verwiesen, und nur wo Kadler einen Vergleich seiner mit Eberts Resultaten anzustellen unterlassen hat, ist dies in kurzer Weise hier geschehen.

Wie Kadler, so konnte auch ich nicht den Weg Eberts einschlagen d. h. eine Zusammenstellung der Sprichwörter nach den verschiedenen Merkmalen, welche ihnen den Stempel des Sprichworts aufprägen, geben, sondern musste, da die Sentenzen sich oft nicht so scharf trennen lassen, das Material dem Inhalte nach gruppieren.

Diese Zusammenstellung nimmt Teil I der Arbeit ein. Teil II behandelt die Sprichwörter für sich und bildet den Grundstock meiner Untersuchung. Zunächst war hier eine möglichst genaue Sichtung der Sprichwörter von dem übrigen Material vorzunehmen. Nicht immer gaben aber untrügliche äusserliche Merkmale den betreffenden Erfahrungssatz als einen objectiven d. h. als ein Sprichwort zu erkennen. Die Zugehörigkeit zu dieser Kategorie muss dann auf andere Weise nachgewiesen werden. Entscheidend wird hier in erster Linie sein, wenn er in anderen Texten entweder als Sprichwort deutlich gekennzeichnet ist, oder doch öfter in völlig oder nahezu übereinstimmender Form wiederkehrt, ohne dass an eine Entlehnung gedacht werden kann. Ich habe deshalb für die Scheidung des Materials Bedacht genommen nicht nur die der Zahl nach spärliche Sammlung zweifellos sicherer Sprichwörter von E. Ebert, sowie die von A. Kadler, sondern auch die Sammlungen Les Proverbes Français par Le Roux de Lincy, Sprichwörter der germanischen und romanischen Sprachen von Düringsfeld, Altfranzösische Sprichwörter von Zacher in Haupts Zeitschrift XI., Altfranzösische Gesundheitsregeln von Förster in Gröbers Zeitschrift für romanische Philologie. Bd. I, Altfranzösische Lebensregeln von Suchier in den romanischen Studien Bd. I zu verwerten. Verglichen sind ferner Churwälsche Sprichwörter von Böhmer in den Romanischen Studien Bd. II, die biblischen Sprichwörter von C. Schulze und J. Schneider: De proverbiis Plautinis Terentianisque.

Diesem Teil folgt ein Wortverzeichnis der Sprichwort-Schlagwörter. Teil III, eine skizzenhafte Betrachtung der

Sentenzen enthaltend, ist nicht an dieser Stelle mit ab
druckt, sondern wird mit der bereits angekündigten Unt
suchung verarbeitet später erscheinen.

Zum Schlusse ist es meine Pflicht meinem hochv
ehrten Lehrer, Herrn Prof. Dr. E. Stengel, dessen güti
Anregung vorliegende Abhandlung ihre Entstehung verda
meinen tiefgefühltesten Dank für manchen schätzba
Ratschlag bei der Abfassung dieser Arbeit auszusprech

Marburg a/Lahn, März 1887.

Abkürzungen nebst Verzeichnis der nach den Texten geordneten Sprichwörter und Sentenzen.

A.: Adam, drame anglo-normand du XII. siècle publié pour la première fois d'après un manuscrit de la Bibliothèque de Tours par Victor Luzarche. Tours 1853. — 68 u. 71 (no 217) — 110 - 11 (166) — 582 (254) — 712 - 13 (13) — 744 - 47 (51) — 797 ff. (68) — 985 (72*).[1]
A. A. XXIII.: Ausgaben und Abhandlungen. Heft XXIII., E. Ebert. Sprichwörter in den afz. Karlsepen. Dissertation Marburg 1884.
A. A. XLIX.: Ausgaben und Abhandlungen. Heft XLIX., A. Kadler. Sprichwörter und Sentenzen der altfranzösischen Artus- und Abenteuerromane. Marburg 1886.
A. A. LV.: Ausgaben und Abhandlungen. Heft LV., Ludwig Fenge. Sprachliche Untersuchung der Reime des Computus.
A. et A.: Miracle de Amis et Amille no XXIII der M. d. N. D.†) — 2 - 3 (216*) — 438 - 39 (262) — 556 - 57 (92*) — 684 - 85 (54) — 1514 - 15 (117*)
afz. Lebensregeln: Altfranzösische Lebensregeln mitgeteilt von H. Suchier in Roman. Studien Bd. I., Heft IV.
A. G.: Miracle de l'abbeesse grosse, no II der M. d. N. D. — 65 - 72 (214) — 287 - 89 (199) — 692 (89*)
Bar. et. Jos.: Miracle de Barlaam et Josaphat no XXI der M. d. N. D. — 259 - 61 (250) — 268. ff (156) — 285 ff (73) — 462 - 63 (77) — 469 (79*) — 472 ff (107) — 524 - 26 (75) — 625 - 29 (23) — 705 - 11 (66) — 1093 - 97 (131) — 1098 - 1101 (264) — 1630 - 33 (8).
Be.: Miracle de Berthe no XXXI der M. d. N. D. — 1980 - 83 (144).
Cha.: Miracle de un chanoine qui se maria no XIX der M. de N. D. — 448 - 51 (167*) — 470 (244) — 653 (239) — 1 Sirv. 21 - 22 (194) — 23 ff (36) — 2. Sirv. 51 - 53 (33).
Chev.: Le Chevalier qui donna sa femme au dyable. Ancien Théâtre dans la Bibliothèque Elzéverienne t. III p. 425 - 78 oder Théâtre français avant la Renaissance par Fournier. — 20 - 22 (19) — 35 - 42 (85) — 45 - 46 (148*) — 123 - 25 (241) — 142 - 45 (207*) — 162 - 69 (112) — 176 - 78 (247) — 186 - 89 (62) — 228 - 29 (146) — 230 - 35 (248) — 249 - 50 (140*) — 259 - 60 (141) — 261 - 64 (119) — 266 (101) — 366 - 67 (237) — 437 (88*) — 576 (200*) — 586 - 88 (5)

Anm. †) M. d. N. D.- Les Miracles de Nostre Dame par Gaston Paris et Ulysse Robert. Paris tome I: Mir. I - VIII. 1876. — t. II: Mir. IX - XVI. 1877, — t. III: Mir. XVII - XXII. 1878. — t. IV: Mir. XXIII - XXVIII. 1879. — t. V: Mir. XXIX - XXXII. 1880. — t. VI: Mir. XXXIII - XXXVI. 1881. — t. VII: Mir. XXXVI - XL. 1883.
1) Die Sternchen * sollen die betreffenden Stellen als Sprichwörter kennzeichnen.

— 607 (234*) — 611 - 12 (157*) — 625 - 30 (86) — 832 - 33 (11*) — 871 - 77 (179*) — 887 - 88 (150) — 1304 - 05 (48) — 1359 - 60 (53*) — 1367 — 71 (98).

Cl. : Miracle coment le roy Clovis se fist crestienner à la requeste de Clotilde, sa femme no XXXIX der M. d. N. D. — o.

Dür. : Sprichwörter der germanischen und romanischen Sprachen, vergleichend zusammengestellt von Ida von Düringsfeld und Otto Freiherrn von Reinsberg-Düringsfeld. 2 Bde. Leipzig 1872 - 75.

E. D. a. D. : Miracle de l'enfant donné au diable no I der M. d. N. D. — 194 - 95 (249*) — 620 - 21 (211) — 1037 (224*) — 1487 - 88 (195).

Emp. de R. : Miracle de l'Empereris de Romme no XXVII d. M. d. N. D. — 396 - 400 (177) — 680 - 82 (158*) — 883 - 86 (191) — 1505 - 07 (83) — 1508 (95*) — 1858 - 61 (17) — 1927 - 34 (129).

Emp. J. : Miracle de l'empereur Julien no XIII der M. d. N. D. — Predigt p. 187 (27) — 407 (236) — 700 (219*) — 879 - 80 (225*) — 992 - 93 (64).

Enf. : Miracle de un enfant que Nostre Dame resuscita no XV der M. d. N. D. — 26 (105) — 157 - 61 (40) — 226 - 29 (142) — 519 - 21 (187*).

Ev. : Miracle de l'Evesque que l'Arcediacre murtrit no III der M. d. N. D. — 12 - 14 (94*) — 39 - 44 (190) — 45 - 51 (153*) — 755 - 56 (114*) — 1009 - 10 (255*) — Sirv. 34 - 36 (29).

Eves. : Miracle de l'evesque a qui Nostre Dame s'apparut no X der M. d. N. D. — Predigt p. 60 (38) — 48 - 49 (213) — 62 - 81 (34) — 97 - 99 (30) — 192 - 94 (113) — 236 - 45 (32).

F. de P. : Miracle de la Femme du Roy de Portigal no IV der M. de N. D. — Predigt p. 149 (176*) — 240 (143) — 265 (90*) — 273 (261a*) — 317 (3*) — 743 - 44 (97*) — 777 - 78 (104) — 1007 - 09 (229*) — 1366 (222*) — 1533 - 34 (160*).

Fem. : Miracle de une femme que Nostre Dame garda d'estre arse no XXVI der M. d. N. D. — 44 - 45 (186*) — 113 - 14 (208*) — 954 - 56 (59) — 2 Serv. 29 - 32 (174).

Fi. de R. : Miracle de la Fille du roy de Hongrie no XXIX der M. de N. D. — 202 (184*) — 1806 (93*).

Gris. : Griseldis, ed. Gröneveld in A. A. — 15 ff (215) — 123 (198*) — 307 (108) — 309 ff (78) — 380 ff (181) — 420 ff (145) — 449 - 51 (182) — 453 (132*) — 455 (16*) — 1030 (87) — 1896 (185*) — 2074 (84) — 2091 (99) — 2198 (189) — 2212 (134) — 2216 (100).

Guil. : Miracle de saint Guillaume du desert no IX der M. d. N. D. — 361 ff (63) — 667 - 71 (242) — 672 - 76 (41) — 676 - 80 (61) — 1299 ff (251).

H. Z. : Zeitschrift für deutsches Altertum, herausgegeben von Moritz Haupt.

J. Ad. : Li Jus Adan ou de la Feuillie par Adam de la Halle, Mon. et Mich. p. 55 ff†) — 7 - 8 (96*) — 11 (178*) — 48 - 50 (183) — 81 - 85 (173) — 186 (120*) — 202 (235*) — 291 (163*) — 292 - 94 (135) — 504 (118*) — 773 - 80 (82) — 934 - 35 (116).

L. : Le Livre des Proverbes Français par M. Le Roux de Lincy. 2 ed. Paris 1859 2 vol.

---

†) Mon. et Mich. - Théâtre français au moyen âge publié d'après les manuscrits de la Bibliothèque du Roi par Monmerqué et Francisque Michel (XI - XIV siècles). Paris 1839.

M. : Miracle de un marchant et un larron no XI der M. d. N. D.
— 505 - 06 (168*) — 705 - 06 (31).
Ma. de G. : Miracle de la Marquise de la Gaudine no XII der M. d.
N. D. — 476 (261 c*) — 725 ff. (212) — 1033 (138*) — 1303 (221*)
Martel : L. Martel, Petit Recueil des Proverbes français. 2 ed. Paris 1884.
Me. de P. : Miracle de la Mére du Pape no XVI der M. d. N. D. —
212 - 14 (39) — 277 - 79 (14) — 496 - 97 (121*) — 626 ff (26) —
645 (2).
M. et J. : Miracle de un marchant et un juif no XXXV der M. de N.
D. — 705 - 11 (149).
M. F. R. : Miracle de la fille d'un roy. no XXXVII der M. d. N. D. —
429 - 20 (188*)
Na : Miracle de la Nativité nostre seigneur Jhesu Christ no V der M.
de N. D. — Predigt p. 205 (no 103*) — 11 - 12 (50*) — 871 - 72
(67) — 913 - 16 (46) — 920 - 21 (58*) — 934 - 36 (43) — 944 - 52 (44).
Ni : Li Jus de Saint Nicholai par Jean Bodel in Mon. et Mich. p. 162
— 409 (201*) — 420 - 23 (55) — 476 - 80 (12) — 622 - 23 (159*)
— 643 (202) — 1233 (1*) — 1235 - 36 (240*) — 1246 (205*) —
1279 (56*) — 1343 - 44 (124*).
Non : Miracle de la Nonne qui laissa son abbaie no VII der M. d. N.
D. — 318 - 19 (35) — 345 - 46 (238*) — 382 - 85 (137) — 548 (261 b*)
— 636 - 39 (28) — 1076 - 77 (15).
Ot : Miracle de Oton, roy d'Espaigne no XXVIII der M. d. N. D.
— 648 - 51 (139) — 658 - 59 (136).
Pa. : Miracle de un pape qui vendi le basme no VIII der M. de N. D.
— 919 - 22 (259) — 1015 (91*).
Par. Esc. : Miracle de un paroissian esconmenié no XVII der M. d. N.
D. — 2 - 12 (125) — 30 - 31 (126) — 201 - 07 (154) — 480 - 83 (155)
— 680 - 82 (246) — 808 - 09 (18) — 1975 (220*).
P. de Br. : De Pierre de la Broche qui dispute a Fortune par devant
Reson p. 209 in Mon et Mich. — 28 (80*) — 39 - 40 (226*) — 43 - 46
(169*) — 57 - 62 (172) — 99 - 102 (111) — 103 - 04 (81) — 147
(165*) — 165 (93*) — 167 - 70 (206*) — 171 - 74 (164*) — 221 - 22
(256*) — 263 - 68 (245) — 273 - 74 (42) — 275 - 76 (76) — 277 - 78
(257*).
Pi le Ch. : Miracle de Pierre le changeur no XXXVI der M. de N. D.
— Predigt p. 227 (49) — p. 229 (60) — 333 - 35 (232*) — 768 - 70
(223*) — 788 - 91 (20) — 1241 - 43 (122) — 1381 - 82 (57*).
Pre. : Miracle de un prevost que Notre Dame delivra no XIV der M.
de N. D. — 130 - 31 (128*) — 193 (9) — 2 Serv. 43 ff (37).
Quitard : M. Quitard : Proverbes sur les femmes, l'amitié, l'amour et le
mariage. Paris 1878.
Rap. : J. Rappold, Gleichnisse bei Aischylos, Sophocles und Euripides.
Programm des k. k. Staatsgymnasiums zu Klagenfurt 1878.
R. M. : Li Gieus de Robin et de Marion par Adam de la Halle in Mon.
et Mich. p. 102. —0.
Rob. D. : Miracle de Robert le Dyable no XXXIII der M. de N. D.
— 2034 (204*).
Rom. Stud. : Romanische Studien herausg. v. Böhmer.
R. S. : La Résurrection du Sauveur. Fragment de Mystère. p. 11 in
Mon. et Mich. —0.

R. Thi: Miracle du roy Thierry no XXXII der M. de N. D. — 459 - 63 (47) — 669 - 70 (231*).
S. A.: Miracle de Saint Alexis no XL der M. de N. D. —0.
Sainte Palaye: Dictionnaire Historique de l'ancien langage françois ou glossaire de la langue françoise depuis son origine jusqu'au siècle de Louis XIV. par La Curne de Sainte Palaye. Tome X Suppl.
S. J. Cr.: Miracle de Saint Jehan Crisothomes no VI der M. de N. D. — 145 - 52 (152) — 289 - 91 (69) — 409 (109*) — 461 - 62 (71) — 1085 - 86 (218*).
S. Ign.: Miracle de Saint Ignace no XXIV der M. d. N. D. — 315 (25) — 461 - 62 (24*) — 511 - 12 (253) — 537 - 38 (230*) — 541 ff (193) — 661 - 68 (22).
S. J. le P.: Miracle de Saint Jehan le Paulu, hermite no XXX der M. de N. D. — 273 - 79 (133) — 280 - 87 (192) — 580 - 81 (115*).
S. L.: Miracle de Saint Lorens no XXXVIII der M. de N. D. — 808 - 09 (228*).
S. Pan: Miracle de Saint Panthaleon no XXII der M. d. N. D. — 476 - 79 (151) — 1384 - 87 (170).
S. Sev.: Miracle de Saint Sevestre no XX der M. de N. D. — 296 - 304 (252) — 311 - 14 (203) — 1105 - 07 (147*).
Schneider, Joa.: De proverbiis Plautinis Terentianisque. Dissertation Berlin 1878.
Schu.: Carl Schulze: Die biblischen Sprichwörter der deutschen Sprache. Göttingen 1860.
Ste. Bau.: Miracle de Sainte Bautheuch no XXXIV der M. de N. D. — 31 ff (180) — 41 ff (106) — 886 - 92 (123) — 538 - 46 (197*) — 998 - 1003 (196) — 1512 - 16 (265) — 1529 - 34 (52) — 1575 - 78 (227) — 1641 - 46 (4) — 1941 - 44 (161) — 1967 - 71 (260) — 2232 - 33 (10) — 2544 - 48 (45).
S. Va.: Miracle de Saint Valentin no XXV der M. de N. D. — Predigt p. 121 (210*) — p. 121 (21) — p. 122 (70) — p. 122 (209*) — p. 123 (74*) — Sirv. cour. 56 - 57 (175).
The: Le Miracle de Theophile par Rustebeuf in Mon. et Mich. p. 139 — 62 - 67 (110) — 303 - 04 (102) — 334 (162*) — 408 (130) — 410 - 11 (258) — 416 (171*) — 601 - 02 (127).
Theo: Miracle de Théodore no XVIII der M. de N. D. — 164 - 65 (6) — 341 - 45 (7) — 1036 - 37 (243*).
V.: Les Vierges Sages et les Vierges Folles, Mon. et Mich. p. 3. —0.
Z. f. rom. Phil.: Zeitschrift für romanische Philologie herausgegeben von Gröber.

Teil I.
Zusammenstellung der Sprichwörter und Sentenzen nach ihrem Inhalt.

A. Sprichwörter und Sentenzen, deren Inhalt aus dem Gebiete der religiösen Vorstellungen, besonders aus der Glaubenslehre, geschöpft ist.

Aussprüche, die Bezug haben:

1. Auf Gott:

a. Sein Wesen:

Gottes Ewigkeit und Allgegenwart wird hervorgehoben in:

1.* Encore est Diex là où il seut. Ni 1233. — 2. Car pour ce que Dieu est sanz fin, Sur toutes choses bon et fin, Justice pour amende quiert, Paine et droit aussi le requiert, Telle qu'il soit sanz finement. Mais Dieu qui ne fault ne ne ment Ne sueffre pas qu'il soit ainsi Quant le pecheur vient a mercy. Me. de P. 645 ff.

Die Allmacht Gottes wird gepriesen in:

3.* En petit de temps Diex labeure. F. de P. 317. cf. L. I p. 17 und 20, II p. 475, 489; A. A:: XXIII, p. 27: Ch. O.; A. A. XLIX p. 55 no 130; H. Z. XI p. 135 no 187; Maistre Pierre Pathelin v. 43. — 4. Je voy bien que nostre secours, Nostre aide et nostre recours N'est fors qu'en la main Dieu, c'est voir, Qui est, ce devez vous savoir, Fontaine de toute droiture, Et tout puissant de sa nature. Ste. Bau. 1641 ff. — 5. Nostre createur, Si soyez tout seur, Assez a pour nous. Chev. 586-88.

Die Allwissenheit Gottes verherrlichen folgende Stellen:

6. Il est voir que Dieu clérement Voit quanque on fait de jours. Theo. 164 - 65. — 7.†¹) Voit Diex et scet aussi le fait . . . . . Soit bien, soit mal, quanque faisons, Quanque pensons, quanque disons Soit de jours, soit de nuit sanz doubte, Il en scet la verité toute Sanz ficcion.

Anm. 1. Das Zeichen † deutet Stellen an, in denen sich das Subjekt oder Objekt auf ein vorhergehendes Wort oder den ganzen Satz bezieht. Es gehören hierher Nr. 7, 18, 19, 31, 35, 54, 75, 81, 93, 126, 127, 166, 180, 250.

Theo. 341 ff. — 8. [?]² Car il n'est rien a Dieu repost: Toutes choses voit clérement Et scet dès le conmencement Autrement Diex ne seroit pas: Bar. et Jos. 1631 ff.

Von der Gerechtigkeit Gottes handelt:

9. [?] Nous avons droit juge ordinaire. Pre. 193.

Gottes Güte und Barmherzigkeit wird gepriesen in folgenden Belegstellen:

10. Diex est a ceulx de grant bonté Qui de droit cuer sont envers li. Ste. Bau. 2232 - 33. — 11.* Sachez que Dieu les siens pourvoye, Jamais ne les laisse périr. Chev. 832 - 33. cf. L. I p. 16. Dür. I no 627. A. A. XLIX. p. 55. no 132. — 12. Car Dieus mout douchement rechoit, Chiaus qui o lui vœlent venir. Qui de bon cuer le servira Jà se paine ne perdera, Ains sera ès chieus couronnés. Ni. 476 ff. — 13. Deux est verais, qui à lui sert: Très-bien l'emplie, pas ne l'pert. A. 712 - 13. — 14. Mais pensez en vous, doulce amie, Que „Dieu peut pardonner et veult Trop plus que pechier on ne peut, Car il est Dieu souverain maistre. Me. d. P. 277 - 79. — 15. Car Diex est plus misericors Que pechier ne pouons d'assez. Non. 1076 - 77.

Gott allein spendet dem Menschen alle irdischen Güter:

16.* [Et] se aucun bien vient a lome Tout vient de dieu. Gris. 455 - 56. cf. L. I p. 15, 16, 19, 23.

Die Gnade des Herrn preisen:

17. c'est tout vray, Nulz a droit santé ne recuevre, Se Dieu de sa grace n'y euvre, Ne nul ne peut sa grace avoir Tant con soit en pechié, c'est voir. Emp. de R. 1358 ff. — 18.† De Dieu la beneiçon aies . . . . Si voir que sa grace conduit Ceulz qui a bien se veulent duire. Par. Esc. 808 - 09. — 19.† Merciez Dieu devotement Car sachez veritablement Que sa grace les vous envoye. . . . Qui bien s'i employe Des cieulx la montjoye Il peut acquérir. Chev. 20 - 22. — 20. Car souvent sanz a nul meffaire Diex euvre tellement de fait Que d'un pecheur un juste fait Digne de gloire. Pi. le Ch. v. 788 ff. — 21. si conme dit saint Ambroise: „grace est plus contraignant a amer que nature, car la mort separe et dessevre les choses jointes par nature, mais elle ne peut separer les jointes par grace et par amour, car ainsi fort est amour conme mort. S. Va. Predigt p. 121.

b. Sein Wirken.
α. Gott als Schöpfer.

Er hat die Welt und alles in ihr befindliche geschaffen.

22. [?] Certes, bien estes deceu Quant vous ne savez recognoistre Au vray Dieu celui qui fait croistre Les biens dessus terre et habonde, Qui seul gouverne tout le monde, Qui les blez fait multiplier, Et les vignes fructiffier, Voire, et les fruiz. S. Ign. 661 ff. — 23. [?] Il est

---

2. Die mit ? bezeichneten Belegstellen lassen Zweifel aufsteigen, ob sie in den Kreis unserer Betrachtung gezogen werden dürfen. Dies ist der Fall bei Nr. 8, 9, 22, 23, 68, 164, 254.

voir qu'un Dieu fist ce monde Et toute riens qui y habonde Et l'omme fist a sa samblance, Auquel segnourie et poissance Il donna sur toute autre chose.· Bar. et Jos. 625 ff.

β. Gott als Regent.

Seine Gegenwirkung gegen menschliche Pläne schildert:

24.* (Mon chier ami,) „homme propose Et Diex ordene," c'est tout voir. S. Ign. 461 - 62 cf. L. I p. 250, 255; Dür. II no 94; Rom. Stud. II p. 168 no 105; p. .199 no 146. — Corneille sagt: Quoi que nous proposions, c'est Dieu seul qui dispose, Et, pour trouver ta voie, homme, il te faut sa main. — Fénelon: L'homme s'agite, et Dieu le mène cf. Martel a. a. O. p. 152 no 239.

Seine Mitwirkung bei menschlichen Handlungen zeigt:

25. Ce que Dieu veult si nous doit plaire. S. Ign. 315.

2. Auf die Lehre von der Sünde.

Über den Charakter der Sünde giebt folgende Stelle eine weitläufige Erläuterung:

26. En troys poins pechié se devise: Car ou l'en pèche en une guise Qui est contre Dieu seulement, Ou l'en pèche secondement Contre son proesme, je vueil dire Ou par envie ou bien par ire Ou par mesdit ou par meffait; Ou contre soy meismes on fait Fait qui est pechié vilz et ors, Si conme est le pechié du corps; Et selon ce c'on a pechié, Quant on en veult estre purgié, Il fault faire par ordenance Selon le fait la penitence. Me. de P. 627 - 40.

Die harten Strafen für begangene Sünden werden gezeigt:

27. Et certes celui siet bien en tenébres, qui ne considére les grans peines que il dessert pour ses pechiez; ne la lumiére du ciel ne voit point, qui ne se remembre et doubte avoir perdu pour ses pechiez la joie des cieulx. Emp. J. Predigt p. 187.

Der Teufel sucht besonders die Frommen zur Sünde zu verleiten:

28. Voirement, plus a saint courage Une personne, et plus temptée Est du Sathan, afin qu'ostée Soit de sa bonne voulenté. Non. 636 - 39.

3. Auf die heilige Jungfrau.

Folgende Belege haben eine Verherrlichung der Jungfrau zum Gegenstande. Man soll ihr dienen, ihr gebührende Ehre zollen und vor allem sie lieben.

29. Car droit ne veult nul vray amant blasmer, Qui met son cuer et son entendement A bien servir la vierge et honnorer. Qui avec Dieu, ou plus hault finement De son chier filz reçut coronnement. Ev. (Sirv.) 34 - 38. — 30. Et congnois qu'il n'est plus de vie Que d'avoir entente et envie Touzjours de la vierge servir. Eves. 97 - 99. — 31.† La doulce vierge debonnaire . . . . . Voir est, (sire), folz est sanz doubte Cil qui d'elle amer se desdit. M. 705 - 706. — 32. Mais, pour Dieu, se bien avez fait, Soiez diligens et soingneux De vivre adès de bien en mieux. Car de tant com plus servirez La mére Dieu, plus acquerrez De merites, (je n'en doubt mie), Et plus la trouverez amie Quant tout autre bien vous fauldra Car lors son secours vous venra Ce scavez vous. Eves. 236-45. — 33. Amons la vierge et servons sanz cesser, Car c'est celle qui nous peut empeter Joie es sains cieulx sanz ce c'on l'escondie. Cha. Autr. Serv. 51 - 53. — 34. Et c'est veritez, qu'il me semble, Qu'il n'est tel bien com d'elle amer. Toute joie y est sans amer, Toute douleur en doulceur passe Qui de bon cuer s'amour embrasse; Et com plus par devocion Est cuers en contemplacion De pencer a la vierge dame, Plus treuve eslevée son ame En grans et merveilleux solaz, Et plus est enlacié du laz De charité qui le demaine Par pensée tant qu'il le maine En si hautaine congnoissance En servir la vierge Marie, Et plus son cuer tourne et varie. Hors des affeccions du monde; Car il cognoist qu'il n'y habonde Nul bien parfait. Eves. 62 - 81. — 35.† folz est qui ne bée A faire vostre voulenté. Non 318.

Man muss ihr dienen und sie lieben, da sie der Trost, die Hoffnung, der Rat und die Zuflucht der Unglücklichen ist.

36. Si c'om doit bien pour de bonne heure né Tenir le corps qui met toute sa cure En la vierge dame d'umilité, Car c'est celle que la sainte escripture Dit des humains estre vraie esperance, Solaz, confort, joye, paiz, recouvrance, Conseil, refuge, advocate, partie, Suer, fille et mére au juge qui tout lie; Et qui bien sert ceste vierge humblement La vierge l'aime et foy li certiffie Que li bienfaiz ne perist nulement. Cha. Sirv. 23 ff.

Sie ist die Vermittlerin der Gnade Gottes:

37. Et saint Bernart l'appreuve en son parler Ou il dit a voiz haultaine: Qui veult avoir de Dieu grace certaine Si voit parler humblement A la vierge d'unble et devot talent, Car touz biens sont par elle remeri Au doulx ottroy de son fil qui s'offri Piteusement. Pre.: Autre Serv. 43 ff.

Die Jungfrau wird denen empfohlen, welche gegen die Versuchung anzukämpfen haben.

38. St. Bernart dit.: Se les vens de temptations te sourdent, se les escoupes de tribulacions te viennent se les ondes d'orgueil te dejettent, se ire, envie ou la char debatent la nef de ta pensée, appelle le nom de Marie et tantost la trouveras preste et plaine de misericorde. Eves.: Predigt. p. 60.

4. Die Aneignung des Heils.

a. Der christliche Heilsweg.

α. Vorbereitung zur Wiedergeburt und die Wiedergeburt selbst.

Man muss ein reuiges Herz zeigen.

39. Car sachiez Dieu ne despit mie Cuer contrict quant il s'umelie, Ains l'a moult chier. Me. de P. 212 - 14.

Diejenige Trauer über die Sünden ist die rechte, welche die Seele zum ewigen Ruhme gelangen lässt.

40. (Filz), on doit dire que li deulx Soit beneurez qui affine Si bien qu'en gloire qui ne fine Fait venir l'ami. Enf. 157 - 61.

Je nach dem Mass der Sünde muss die Busse und Strafe zugemessen werden.

41. Et l'escripture dit et met: Autant com li pescherres s'est Glorifiez en son mal faire, Autant de tourment est de haire Ly donnes. Guil. 673 - 76.

Wir empfinden keine Reue über unsere Sünden.

42. Mès sachiez que ce n'est cointure De terriene penitence. P. de Br. 273 - 74.

Die Wiedergeburt behandeln folgende Citate:

43. Et pour tant certain je te dy: Qui ne renaist nouvellement Le royaume Dieu nullement Ne peut veoir. Na. 934 - 36. — 44. Je te di que nulz n'enterra Ou regne Dieu, qui ne sera Aussi conme maintenant nez, Tout de nouvel regenerez En yave et ou saint esperit Car savoir doiz sanz contredit Que ce qui de char naist char est, Et ce qui de l'esperit naist Est esperit par autel point. Na. 944 - 52.

β. Grundzüge christlicher Sittenlehre.

αα. Pflichten, die wir Gott gegenüber zu erfüllen haben.

Die Liebe zu Gott soll das rechte Motiv aller sittlichen Handlungen sein. Dies wird ausgesprochen in folgenden Sätzen:

45. Et je vous dy en bonne foy Qu'a ceulx qui Dieu aiment et doubtent, Et qui hors du monde se boutent Viennent touz biens. Ste. Bau 2544 - 47. — 46 Je t'en responderay par foy Ce qui n'est pas a getter pueur: „Aime Dieu de trestout ton cueur, Non pas conme un homme aime famme; Aime l'ainçois de toute t'ame, Et aussi de tout

ton pouoir." Na 913 - 16. — 47. Dieu te sera touz jours amis, Se bien l'aimes en verité; Et, se plus as d'adversité, Seuffre la pour Dieu doucement: Ton Prouffit feras grandement. R. Thi.: 459-63.

Die Ehrfurcht vor Gott empfiehlt no:

48. Jamais ne soys las De Dieu servir devotement. Chev. 1304 - 05.

Wie Gott, so soll man auch den Priestern, seinen irdischen Vertretern, Ehrerbietung zollen:

49. honneure Dieu et porte honneur aux prestres. (Ecclesiastici VII o) Pi le Ch. Predigt p. 227.

Eine andere Pflicht, die wir Gott gegenüber zu erfüllen haben, besteht in dem Vertrauen zu ihm. Dies findet Ausdruck in:

50.* cuer qui se fie En Dieu ne peut estre periz. Na. 11 - 12. cf. Dür. I. no 634; Schu. p. 79 no 104, prov. 29, 25. — 51. Qui en Deu ad bone sperance, Tienge sa fai et sa creance, Chi en Deu avra ferme foi, Deus ert od lui, jo l'sai par moi. A. 744 - 47. — 52. En la main Dieu tout vostre affaire Mettez, qui le sara miex faire Que nul homme humain tant soit hault; C'est cil qui nulles foiz ne fault A ceulx qui ont leur esperance Du tout en li et leur fiance. Ste. Bau. 1529 - 34. — 53.* qui s'abandonne A Dieu servir ne peult perir. Chev. 1359 - 60. cf. Schu. p. 79. no 104: prov. 29, 25; A. A. XLIX p. 55 no 132; Dür. I 627. — 54.† Qui ses besognes li conmet Il les fait a bon chief venir. A. et A. 684 - 85.

Wir sollen uns verleugnen und uns aufopfern für Gott.

55. Metés hardiement vos cors Pour Dieu, car chou est chi li mors Dont tout li pules morir doit Qui Dieu aime de cuer et croit. Ni. 420 - 23. — 56.* Qui pour Dieu se travaille, bien li restore. Ni. 1279. — 57.* Qui plus pour Dieu se paine et lasse, Et plus acquiert merite grant. Pi. le Ch. 1381 - 82. cf. afz. Lebensregeln no 13.

ββ. Pflichten, die wir gegen unsere Nächsten zu erfüllen haben.

Die Nächstenliebe wird empfohlen in:

58.* Li second conmandement voir Est a ce premier ci semblables, C'est que tu soies amiables: Car il dit: „Aime ton prouchain Com toy mesmes." Na. 920 - 21.

Wir sollen das Leben und die Wohlfahrt unseres Nächsten im Auge haben:

59. Et nous devons, c'est l'escriture, Vouloir de toute creature Le sauvement. Fem. 954 - 56.

γ. Das Gebet, Kasteiungen und gute Werke als Heilsmittel.

60. Dont Thobie dit: Bonne chose est oroison avecques jeune et aumosne. Pl. le Ch. Predigt p. 229.

Es wird empfohlen sich durch Kasteiungen den Himmel zu erwerben:

61. Et il vault miex estre En paine et soi a tourment mettre Temporelment et en moment Qu'es paines pardurablement D'enfer; Guil. 676 - 80.

Die guten Werke, welche für Gott gethan werden, bringen hundertfache Vergeltung ein:

62. Se de biens avez largement, Donnez aulmosnes pour Dieu, Et certes, en temps et en lieu, Vous vauldra, soyez-en certain. Chev. 186 - 89.

b. Die Heilsgemeinschaft.

Das Wesen der Kirche wird in der folgenden Belegstelle dargethan; sodann werden die Strafen derjenigen, die nicht an diese Kirche glauben, unter Anführung von Beispielen geschildert.

63. [?] Veritez est que l'eglise est Une, qui ne tient, qui bien l'esme, C'un Dieu, c'une foy, qu'un baptesme; Et qui de ceste eglise est hors Il perist en ame et en corps, Ainsi con ceulx firent jadis Que Noé en l'arche n'ot mis Et conme Dathan et Choré Qui touz vis furent devoré, Car terre dessoubz eulz s'ouvri, Et en abisme les couvri, Pour le descort, ce n'est pas gogue, Qu'orent mis en la sinagogue, N'en doubtez point. Guil. 361 - 74.

Kein Glaube gilt soviel als der christliche.

64. Don je conclu que „ne vault riens Loy nulle, fors de crestiens. Emp. J. 992 - 93.

Die Christen werden als Märtyrer für Gott gepriesen:

65. Plus qu'autres gens sur toute rien Sueffrent pour leur dieu crestien. S. Ign. 1108 - 09.

Dagegen werden die Heiden, die ihrer eigenen Hände Werk anbeten, wegen ihrer Thorheit getadelt:

66. Folz sont il voir et plain de rage, Qui aourent leur propre ouvrage, Et ce que de leurs mains ont fait, Et puis les appellent de fait Leurs dieux qui les sauve et les garde, Et eulx mesmes sont des diex garde; C'est bien fantosme et desverie. Bar. et Jos. 705 - 11.

c. Heilsvollendung.

Die Auferstandenen werden im Ruhme Gottes wandeln.

67. Mais tuit li bon resuscité Seront comme ange en la Dieu gloire. Na. 871 - 72.

Das jüngste Gericht wird eine Trennung des Reiches Gottes von dem Reiche der Bösen herbeiführen.

68. Char mult dor vengement serra. En cels qui furent li plus halt, Il prendront toit un mauvais salt. Del petit avra Dex pité, Mult les rendra esleeicé. A. 797 ff.

Wer das ewige Leben erlangen will, muss auf irdische Güter verzichten.

69. pour voir, je respondi lors Que qui veult les biens souverains Avoir, fuir doit les mondains. S. J. Cr. 290 - 91.

Das ewige Leben schildert der heilige Augustin als eine Erbschaft.

70. Saint Augustin dit: „Beneuré est l'eritage qui pour habondance de hoirs n'apetice point, mais acroist, et cest heritage c'est vie pardurable, et vie pardurable c'est congnoistre Dieu et li amer." S. Va. Predigt p. 122.

5. Kirchliche Institutionen.

Darauf nimmt nur eine Stelle Bezug, nämlich auf das Cölibat der katholischen Geistlichkeit.

71. Ne prestre ne doit pas amie Mondaine avoir. S. J. Cr. 461 - 62.

B. Sprichwörter und Sentenzen, deren Inhalt dem profanen Leben des Menschen entnommen ist.

1. Der Mensch im Verhältnis zum Schicksal.
(Bestimmung, Zufall).

a. Vergänglichkeit, Leben und Tod.

Alles nimmt ein Ende hier auf Erden.

72.* Kar totes choses finirunt. A. 985.

In strenger Weise wird der getadelt, welcher nur auf Glücksgüter sein Auge richtet, weil man derselben zu leicht verlustig gehen kann.

73. Or m'entendez dont. Tant com chascuns est en ce monde, Il s'efforce a ce qu'il habonde A avoir des biens temporex, Des honneurs et deliz charnex Qui ne sont pas biens proprement, Car il faillent conmunement, Et ce peut on assez savoir; Car quant miex les cuide homme avoir, Lors li vient aucune aventure, Perte d'amis ou la mort sure Qui de ses biens le met tout hors: Si tost com l'ame a hors du corps, Ainsi les y fault touz laisser, Et nientmoins pour les amasser Par aventure s'est dampnez. Dont ne les doit nulz homs senez Pour choses qui soient tenir, Puis qu'au besoing n'en peut joir. Bar. et Jos. 284 ff.

Die Mühsalen des Lebens schildert folgendes Citat:

74.* Et ainsi le tesmoingne Job qui dit: „Vie d'omme sur terre ce n'est mais que une chevalerie." S. Va. Predigt p. 123. cf. Schu. p. 25 no 22. Job. 7 v. 1.

Das Leben des Menschen ist hinfällig; mit dem Alter nehmen immer mehr die geistigen Kräfte ab, bis schliesslich die Lebensfackel erlischt.

75.† De vie d'omme . . . . . c'est un nient, Car com plus vit plus viex devient, Plus vit et plus perte senz et force Et plus la mort sur lui s'efforce. Bar. et Jos. 523 - 26. cf. Martel a. a. O. p. 158 no 340. Seneca: Quotidie morimur; Ovid: Tempora labuntur, tacitisque senescimus annis, Et fugiunt, freno non remorante, dies. Corneille: Nous mourons à toute heure, et, dans le plus doux sort Chaque instant de la vie est un pas vers la mort. Voltaire: L'instant où nous naissons est un pas vers la mort.

In mannigfacher Gestalt tritt der Tod an den Menschen heran.

76. Mès la mort vient diverse et dure Là où Diex vendra sanz doutance. P. de Br. 275 - 76.

Mit dem Tode beendet der Mensch sein irdisches Dasein:

77. La fin, (sire), c'est la mort, voir, A quoy on vient. Bar. et Jos. 462 - 63.

Dem Alter folgt der Tod, welcher alle dahinrafft zu einer Zeit, wo es ihm gefällt:

78. Viellece vient acourant fort Et avec que piz est la mort Qui nul ne nulle ne deporte Na nul age ne se rapporte Morir fault & ne scet on quant. Gris. 309 - 13.

Der Tod steht allen Menschen bevor:

78.* Sire, ce point savoir devez: Touz fault mourir. Bar. et Jos. 471. cf. Schu.: p. 182. no 282. Ebrae. 9,27: L. II. p. 310 - 311, p. 325 - 326 ähnlich.

b. Das Glück, Bestimmung, Umschlag im Geschick, Unglück.

Den Wankelmut der Fortuna zeigen folgende Stellen:

80.* Quar Fortune est marrastre et mere. P. de Br. 28. — 81.† Fortune . . . . . Trop est fols qui en toi se fie Quar en la fin chier le compere. P. de Br. 103 - 04.

Die Glücksgöttin hat Jedermann in ihrer Hand; sie kann ihn die höchsten Staffeln der Ehre ersteigen lassen, aber andrerseits ihn auch wiederum ebenso schnell stürzen. Keiner darf sich ihr blindlings anvertrauen.

82. Fortune. Ele est à toute riens commune Et tout le mont tient en se main; L'un fait povre hui, riche demain; Ne point ne set cui ele avanche. Pour chou n'i doit avoir fianche Nus, tant soit haut montés en roche Car se chele roe bescoche, Il le couvient descendre jus. J. Ad. 772 ff.

Vor ihrer Unbeständigkeit wird gewarnt:

83.† Les maux qu'ore avez par fortune; . . . . Car aux uns est dure et enfrune, Doulce aux autres, par verité. En li n'a point d'estableté. Emp. de R. 1505 - 07.

Selbst das grösste Glück kann vorübergehend sein und ins Gegenteil umschlagen:

84. maiz en servage Chiet grant fortune (ce me semble) Et le plus fortune plus tramble Et est le plus tost decheu. Gris. 2074 - 77.

Es ist besser in Zurückgezogenheit zu leben, als zuviel Gepränge zu machen und nach unerreichbaren Gütern zu streben; denn Fortuna stürzt oft diejenigen, welche zuviel unternehmen wollen.

85. Dissimuler, faire le sourt, Vault mieux que pompe trop regner: Car on voit, par le temps qui court, Presumptueux bien bas mener. Moyennement se fault gouverner Sans vouloir à hault monter tendre; Fortune vient souvent miner Ceulx qui vuellent trop entreprendre. Chev. 35 - 42.

Will Fortuna einen, der sich durch sie auf dem Gipfel des Glücks befindet, stürzen, so wendet ihr Jedermann den Rücken.

86. Quant Fortune va assaillant Aulcun estant en dignité, Chascun luy tourne le costé, Mesmes ceulx qui deussent ayder A souffreteux, et regarder †) Dont les biens leur sont peu venir. Chev. 625 - 30.

---
†) D'où.

Die Glückseligkeit des Lebens hat ihre Grundlage in Einfachheit und Demut, nicht in äusserem Prunke:

87. Car on dit que boneurete Nest pas en souef nourreture Onques not entente ne cure A nul delit ou quelle alast Que Rien nestoit que tant amast Que simplesce et humilite. Gris. 1030 - 34.

Das Glück ist jedem Spieler angenehm.

88.* Gentil demonstre tout hazart. Chev. 437. cf. L. II, p. 304.

Was vom Schicksal bestimmt ist, tritt sicher ein.

89.* Tout avient quanqu'avenir doit. A. G. 692. — 90.* Tout avient ce qu'avenir doit. F. de P. 265. cf. L. II. p. 259; A. A. XXIII: no 96, XLIX p. 57. 146 - 47.

Das einmal Geschehene ist nicht zu ändern.

91.* (Sire), ce qui est fait est fait. Pa. 1015. cf. L. II. p. 260.

Es tritt oft da unversehens ein Unfall ein, wo man grossen Erfolg zu haben glaubt.

92.* il eschiet souvent grans pertes Ou l'en cuide grant gaaing avoir. A. et A. 556 - 57. cf. A. A. XXIII no 78, XLIX p. 58 no 157 - 159; L. II. p. 393, p. 421. — 93.* Et qui pent, il l'estuet cheoir. P. de Br. 155.

Zu hohe Ziele darf sich nicht der Mensch stecken; über dem Besseren soll nicht das Gute verachtet werden.

94.* Car l'en dit souvent: „Quant plus hault Est li homs montez qu'il ne doit; De plus hault chiet qu'il ne vouldroit. Ev. 12 - 14. cf. L. II. p. 273, 287, 292, 403, 421($_5$), 463, 492; A. A. XLIX p. 96. no 612; Mon. et Mich. p. 46.

Einen ähnlichen Gedanken spricht aus:

95.* Souvent honneur amaine a honte. Emp. de R. 1508.

Das Unglück läutert den Menschen.

96.* Chascuns puet revenir jà tant n'iert encantés: Après grant maladie ensieut bien grans santés. J. Ad. 7 - 8. cf. L. I. p. 264, Martel a. a. O. 96. no 235. La Fontaine liv. VI. f. VII; liv X, f. IX.

Nach dem Unglück folgt oft ein Umschwung zum Bessern:

97.* Après les maux viennent les biens Souventes foiz. F. de P. 743 - 44. cf. Dür. II. no 511; L. II. p. 314. cf. Après la pluie, le beau temps, Martel a. a. O. p. 95 no 234. Vergil: a) Multa dies variique labor mutabilis aevi Rettulit in melius. b) . . . Multos alterna revisens Lusit, et in solido rursus fortuna locavit. J. Rousseau: L'air siffle: une horrible tempête Aujourdhui gronde sur la tête: Demain tu seras dans le port.

Jäher Sturz von der Höhe des Glücks tritt oft bei denen ein, die ihren Sinn in die Weltlichkeit gesetzt haben.

98. Vous povez veoir les cas soubdains Qui peuvent venir de jour en jour A ceulx qui ont mis leur amour Et leur cueur en mondanité; Car ce n'est fors que vanité. Chev. 1367-71.

Mit des Geschickes Mächten ist kein ew'ger Bund zu flechten:

99. Car nul sort n'est perpetuel. Gris. 2091.

Die Erdendinge sind ganz dem Schicksal und Zufall anheimgegeben und für uns in ein mystisches Dunkel gehüllt:

100. Moult sont les choses fortunees De ce monde & par trop nuables. Gris. 2216-17.

c. Fröhlichkeit und Vergnügen — Traurigkeit und Verzweiflung.

Nichts kommt einem fröhlichen, heiteren Wesen des Menschen gleich.

101. Il n'est tel que d'estre joyeux. Chev. 266.

Heiterkeit wird jedem anempfohlen in

102. Soiez liez, fetes bele chiere, Si ferez et sens et savoir. The. 303-04.

Gute Nachrichten stimmen das Menschenherz freudig, traurige schlagen es nieder.

103.* on dit que bonnes nouvelles esleecent le cuer d'omme, et ce tesmoingne le sage en prouverbes qui dit: Meror in corde viri eum humiliabit; in sermone autem bono letificabitur: c'est a dire que cuer esplouré se tient humblement, et en bonne parole s'esleece grandement. Na. Predigt p. 205.

Das Vergnügen muss man geduldig erwarten.

104. [Ma chiere cousine], il convient C'on attende tout son plaisir. F. de P. 777-78.

Die Verzagtheit wird als unnütz verworfen.

105. [Dame], preuz n'est le desconfort. Enf. 26.

d. Jugend und Alter.

Die Jugend erwählt im Gegensatz zum verständigen Alter mehr den Willen als die Vernunft zum Leitstern.

106. Savez pour quoy? qu' en verité Jonesce euvre de voulenté Et de fait plus que de raison; C'est la cause, c'est l'achoison Pour quoy

son vouloir li souffist Et li plaist miex que son prouffit. Je scé bien qu'autrement alast Se jonesce se gouvernast Par raison, aussi qu'age fait, Et de voulenté et de fait; Mais Diex! ainsi n'est pas. Ste. Bau. 41 ff.

Das Alter, welches der Mensch erreicht, beträgt kaum mehr als 80 oder höchstens 100 Jahre.

107. Certes quant homme vit la somme De quatre vins ans, [dire l'ose], Ou de cent au plus, c'est grant chose. Lors de vieillesse est ou conduit, De laquelle la mort s'ensuit Tantost après. Bar. et Jos. 472 - 77.

e. Die Zeit.

Flüchtig entrinnt die Zeit ohne wiederzukehren.

108.* Car le temps sen va sanz Retour. Gris. 307. cf. L. I. 133, 134.

f. Die Schönheit.

Die Schönheit, welche nicht mit Güte gepaart ist, hat wenig Wert.

109.* Car biauté sanz bonté poy vault. S. J. Cr. 409. cf. L. II p. 246 no 5, auch p. 348 no 7.

g. Der Reichtum.

Der Reichtum birgt grosse Gefahren in sich, besonders verursacht er demjenigen Kummer und Elend, welcher ihn verliert.

110. vous dites que sages; Quar qui a apris la richece Mult i a dolor et destrece Quant l'en chiet en autrui dangier Por son boivre et por son mengier Trop i covient gros mos oïr. The. 62 - 67.

Gerade für den Menschen, welcher des Reichtums verlustig gegangen, ist die Entbehrung lästiger, als für den, welcher ihn nicht besessen hat.

111. Quar [hom qui n'a plu]s richece Quant il dechiet en povreté, A plus dolor, honte et destrece Que s'onques n'eust riche esté. P. de Br. 99 - 102.

Wer Reichtümer besitzt, soll sie auch geniessen; denn sonst ist dieser doch nur ein unglücklicher Mensch.

112. Mais que vault finance? Qui n'a sa plaisance, Ou qui ne s'avance D'estre plantureux, Par juste eloquence, Chascun, sans doubtance, Dit, par sa sentence, Qu'il est maleureux. Chev. 162 - 69.

h. Der Traum.

Folgende Stelle sagt aus, dass vom Traum gewöhnlich nur ein geringer Teil wirklich in Erfüllung gehe:

113. (Sire,) et en voit bien avenir Partie de ce que l'en songe, Combien que l'autre soit mençonge. Eves. 192-94. cf. L. II. 428; Molière: l'Etourdy IV, 3: Puisqu'en vous il est faux que songes sont mensonges.

2. Der Mensch im Verhältnis zu seinen Mitmenschen.
a. Bedürfnisse und Aufwand zum täglichen Leben, Besitz und Herrschaft.

Der Schlaf ist für die Existenz des Menschen unumgänglich notwendig; wer ohne Schlaf sein Leben hinbringt, kann nicht unter die Erdenmenschen gerechnet werden.

114.* Qui ne dort, il n'est pas filz d'omme, Au dire voir. Ev. 755-56. — 115.* Car il n'est pas, se dit on, homme Qui ne dort et qui ne prent somme. S. J. le P. 580-81. cf. L. I. p. 251; H. Z. XI p. 136 no 197; Lai de Tydorel, Romania VIII p. 71 (G. Paris)†.

Nicht mit Lebensmitteln zu geizen wird als Regel des menschlichen Lebens eingeschärft in folgenden Belegstellen.

116. Il n'affiert point c'on soit enfrun Seur le viande. J. Ad. 934-35. — 117.* trop jeuner N'est mie bon. A. et A. 1514-15. cf. Dür. I no 445.

Wer sich der Trunksucht hingiebt, wird bald in Armut verfallen.

118.* (?) (Non fai,) tout emporte li vins. J. Ad. 504. cf. L. II. p. 224. (?)

Nachstehende Worte enthalten den Rat das Leben zu geniessen.

119. Pensez de bonne chère faire Tant qu'estes en bonne santé Quant mort serez, en verité Chascun vous mettra en oubly. Chev. 261-64.

Nirgends kann man ohne Geld leben.

120.* Pour nient n'est-on mie à Paris. J. Ad. 186.

Dem Gesetze nach muss jeder soviel zurückerstatten, als er geliehen hat.

121.* car le droit dit qu'il fault Autant rendre conme on a pris. Me. de R. 496-97. cf. L. II p. 403, 412.

Die Ehre eines jeden gebietet geliehenes Geld wieder zurückzuerstatten.

122. qui argent reçoit Il le doit une foiz compter Pour savoir qu'ait tout sanz doubter. Pi. le Ch. 1241-43.

Anm. †) Diese Stelle hat Kadler nicht in seine Sammlung aufgenommen.

Folgendes Citat betont, dass man über das Zurückbehalten fremden Eigentums Gewissensbisse empfindet.

123. Car retenir d'autrui l'argent Met conscience en si mal point Que touz jours le mort et le point Le ver de remors, n'est pas doubte; Et pis y a, que maint s'en boute Et maint en enfer, je dy voir, Pour retenir l'autrui avoir: Ste. Bau. 386 - 92.

Auf irdischen Besitz ist kein Verlass; denn diesen kann man gar schnell verlieren und er verursacht nur Unzufriedenheit.

124.* Avoirs puet aler et venir; Mais son nom escille et deffait. Nl. 1343 - 44. cf. L. II p. 161; afz. Lebensregeln a. a. O. 30. A. A. XXIII no 102, XLIX p. 98 no 642.

Es ist töricht, nach eitlen weltlichen Schätzen, die nur Gefahren enthalten und die das Herz verderben, zu trachten.

125. Tant dolereusement se pere Qui d'orgueilleux mondains tresors Plains d'excès tresvilz et tresors Desire paremens avoir N'est fors qu'apovrissement d'ame. Si grant seigneur ne si grant dame N'a ou mondain terrien estre Dont l'ame sauvée puist estre. Se le corps martire ne sent Et a penanse ne s'assent. Par. Esc. 2 - 12.

Herrschaft und Erbschaft führen viel Ungemach herbei und gereichen dem Besitzer oft zum grossen Nachteil.

126.† Regne n'heritage tenir . . . . . En telz honneurs n'a fors que doubte, Oultrageux orgueilz et desrois. Par. Esc. 30 - 31.

Den beweglichen Besitz soll man nicht zu hoch anschlagen, da durch denselben das geistige Wohl des Menschen sehr gefährdet wird.

127.† Que bone gent n'en soit sorprise Par tel barate . . . . Trop aime avoir qui si l'achate; L'ame en est et honteuse et mate. The. 601 - 02.

Sein Besitztum soll man wohl bewahren.

128.* Bon fait son chastel et son corps Garder touzjours. Pre. 130 - 31. cf. L. II. p. 161.

Ich füge an die voraufgehenden Citate noch zwei Stellen, in denen der Wert des Besitzes resp. der Verlust der Seele dem Besitze resp. Verluste des Körpers gegenübergestellt wird.

129. Se vous ne perdez que le corps, (Biau filz), il ne pourroit chaloir; Mais 'de l'ame perdre voloir Qui est faicte a la Dieu ymage, Vraiment, c'est trop grant damage; Et s'elle va a dampnement, Si fera le corps ensement, Voire tant com Dieu sera Diex. Emp. d. R. 1927 - 34.

Den Besitz der Seele soll man hochschätzen.
130. Ame doit l'en amer. The. 408.

b. Einzelne Klassen der menschlichen Gesellschaft.

α. Das Kind, der Jüngling, die Frau.

Dem gehorsamen Kinde wird es im Leben stets wohl ergehen, während das ungehorsame ins Elend gerät.

131. Car touz jours seult honneur venir A l'enfant qui se veult tenir Obédiant et doutant pére, Et qui ne l'est si le compére, Car mal en vient. Bar. et Jos. 1093 - 97.

Die Kinder schlagen zuweilen aus der Art:

132.* Car souuent auient chose est clere Que lenfant ne Ressemble au pere. Gris. 453 - 54.

Ein Jüngling kann in Bezug auf Gott und die Welt nur dann vollkommen werden, wenn nicht der Stolz in seinem Herzen Wurzel gefasst hat.

133. je te diray Puis qu'a bien faire s'acoustume Et de voir dire a la coustume Jeunes homs, c'est m'opinion, Qu'il ne peut qu'a perfeccion Ne viengne et de Dieu et du monde, Mais qu'orgueil en son cuer n'abonde. S. J. le P. 273 - 79.

Über den Wankelmut und die Unbeständigkeit der jungen Männer klagt:

134. Trop est chose muable et vaine Que de cuer de jeunes seigneurs. Gris. 2212 - 13.

Folgende Stelle lehrt uns, dass sich die Frauen durch ihre Verteidigung gefürchtet machen.

135. Je tieng à sens et à vaillanche Que les femes de le waranche Se font cremir et resoignier. J. Ad. 292 - 94.

Die folgende no warnt davor, den Frauen übles nachzusagen.

136. [Par foy, Berengier], c'est maudit Dire des dames villenie. Ot. 658 - 59.

In eine Frau darf man kein grosses Vertrauen setzen, da man in dieser Beziehung sehr bittere Erfahrungen machen kann.

137. Voirement qui en femme met Son cuer, bien le doit on blasmer, Car on y treuve moult d'amer Ainçois que l'en en viengne au bout. Non. 382 - 85. — 138.* Car trop muable est cuer de femme. Ma. de G. 1033. cf. L. I p. 281; A. A. XLIX p. 68 no 259 ff. — 139. je vous jure par m'ame Tel cuide avoir femme touz seulx Qu'a li par-

tissent plus de deux; Et qui en cas a fiance En femme, il est plain d'ignorance. Ot. 647-51. cf. Molière, l'Ecole des Maris III, 10: Malheureux qui se fie à femme.

Einer Frau soll man nichts glauben:

140.* [Ha, monseigneur,] ne croyez rien De chose que femme vous die. Chev. 249-52. cf. L. I p. 226, 230; A. A. XXIII no 15; — Quitard a. a. O. p. 99-100: Les femmes ne mentent jamais plus finement que lorsqu'elles disent la vérité à ceux qui ne les croient pas. Qui croit sa femme se trompe, et qui ne la croit pas est trompé.

Die Frauen sind besonders dadurch berüchtigt, dass sie gern alles ausplaudern.

141.* Mais femmes qui ont tel renom Que pour riens ne se veullent taire. Chev. 259-60. cf. Quitard a. a. O. p. 42: Une femme ne cèle que ce qu' elle ne sait pas.

Etwas eigentümlichen Inhalts ist:

142. (?) Car femme doit mult resoignier De dire qu'elle ait conceu Jusqu'a tant qu'elle l'ait sceu Estre de vray. Enf. 226-29.

β. Höhere Stände: König, Gebieter, Richter.

Ein König soll nicht sein Wort widerrufen.

143. Ne nulz roys ne se doit desdire. F. de P. 240.

Ein König muss sich weit mehr hüten vor der Sünde als irgend ein anderer.

144. Un roy se doit trop plus garder De pechier, a bien regarder, Qu' une autre personne ne fait, Soit en parler ou soit en fait. Be. 1980-83.

Ein Fürst soll seinen Unterthanen zum Vorbild dienen und zum Wohl des Landes auch Nachkommenschaft hinterlassen.

145. Car b'n scez que pas ne domine La feme maiz ce fait li homs Si changent les complections Du subget par le dominant Et aussi moult desauenant Est a prince de hault paraige De finer ses jours sanz lignage Avoir procru de sa chair Au quel ait Refuge & Repair Le comun peuple de sa terre Si tieng que li homs fault et erre Qui obstinez est au contraire. Gris. 420-31.

Wer Herr ist, kann seine freie Zeit dem Vergnügen widmen.

146. (?) Ung seigneur, tant qu'il a loysir, Si se doit donner de bon temps. Chev. 228-29.

Ein Richter, der nicht aufmerksam auf die Aussagen hört, kann kein gerechtes Urteil fällen.

147.* car juges qui n'entent Ce qu'on dit loyal jugement Il ne peut rendre. S. Sev. 1105-07. cf. L. I. p. 273; II. p. 336, 409.

γ. Der Verschwender, Arme, Blinde.

Wer seine Reichtümer töricht verschwendet, wird einst grosse Not leiden.

148.* Qui veult follement tout despendre Doit mourir en paine et en dueil. Chev. 45 - 46. cf. A. A. XXIII: no 32; L. I. p. 248; II. p. 165, 255, ähnlich p. 303 (no 2), p. 393, 402, 419 no 7.

Der Arme wird von Jedermann nicht gern gesehen und ist ohne Freunde.

149. Or cognoiz je maintenant bien Que povre homme est touz jours bas mis, Et que nul ne li est amis S'il n'est riches et plain d'avoir Des parens peut il bien avoir, Mais si tost conme il a deffault Et qu'est povre, chascun li fault. M. et J. 705 - 11.

Der Arme erfährt sehr oft Zurücksetzung.

150. Vous sçavez que chascun deboutte Les genz quant ilz n'ont de quibus. Chev. 887 - 88.

Höchst unglücklich ist der, welcher das Augenlicht verloren hat.

151. Elas! conme est povre et mendis Et desconfortez qui ne voit! Il n'a bien ne joie ou qu'il voit Et si chiet en grant desconfort. S. Pan. 476 - 79.

δ. Der Weise und der Tor.

Wer weise sein will, muss die Lüste dieser Welt mit Erfolg bekämpfen und Busse thun.

152. Mais je vous dis bien: la personne Qui a en lui tant de savoir Que biauté d'ame veult avoir Et Jhesu Crist veult ensuir Convient les biens mondains fuir, A ce c'on puist miex a lui plaire, Et aspre penitence faire Tout son vivant. S. J. Cr. 145 - 52.

Der Weise und der Tor werden gegenübergestellt. Jener hütet sich vor der Torheit und dieser stützt sich auf sie.

153.* Car s'en est le commencement, Se le saint prophéte ne ment, Qui au sautier le nous recorde, Et a ce Salemon s'accorde Qui dit: „Le sage craint folie A faire, et le fol trop s'i fie" Or le savez. Ev. 45 - 51.

Manche stellen sich töricht und handeln doch weise Gott gegenüber.

154. Faindre estre folz et conme sages En Dieu et en ses sains messages Qui sont lumiére de dottrine, C'est usages qui endottrine Maint cuer de celer et couvrir Sa penance au monde, et ouvrir Son cuer a Dieu par oroison. Par Esc. 201 - 07.

Ein unglücklicher Narr kann sich nicht einer zugefügten Unbill entziehen.

155. Le chetif fol ne scet guenchir A meschance que l'en li face; Par. Esc. 480 - 81.

Ein Narr erstrebt Dinge, die garnicht existieren, und urteilt nach dem äusseren Schein.

156. (Sire), les folz ont en despit Les choses qui sont, pour un point, Et s'efforcent moult d'avoir celles Qui ne sont pas, ainsi com c'elles Fussent choses vraies appertes, Ce que ne sont pas. Adecertes, Qui la doulceur ne congnoistra Des choses qui sont ne pourra La verité de ceulx apprendre Qui ne sont pas choses n'entendre, C'est tout certain. Bar. et Jos. 268 - 79.

Der Narr glaubt nicht blossen Versprechungen.

157.* Fol ne croit langaige Tant qu'il ayt receu.†) Chev. 611 - 12. cf. L. I. p. 237; II. p. 490. — 158.* C'est voir que j'ay oy nuncier: „Qui sans donner a fol promet De noyent en joie le met. Emp. de R. 680 - 82. cf. L. II. p. 474, 480, 490; I. 240; A. A. XXIII. p. 30. no 4.

Ein Narr hat keine Freude, wenn er nicht geschlagen wird:

159.* Tous jours sont li connart batit Ja n'ierent liet s'on ne les bat. Ni. 622 - 23. cf. L. I p. 224 (no 3); Schu.: p. 47 no 52 prov. 10, 13.

Einen Toren muss man den nennen, welcher einen andern vom Wege der Tugend ableitet:

160.* Folz est cil qui autrui desvoie, Qui entrez est en bonne vie. F. de P. 1533 - 34.

Töricht und überhebend ist der, welcher über seinen Herrn ein Urteil fällt.

161. A vostre dit, sire m'assens: Folz est et de senz trop ligier Et presumptueux, qui jugier Son seigneur ose. Ste. Bau. 1942 - 44.

ε. Der Gefürchtete, Betrüger, Dieb, Verräter und Bösewicht.

Der, vor dem man keine Furcht hegt, hat wenig Geltung.

162.* Il ne vaut rien qui l'en ne doute. The. 834. cf. L. II. p. 254.

Dem Gefürchteten gegenüber muss man sein Wort halten.

163.* A di foy bien ait cui on crient. J. Ad. 291. cf. L. II. p. 254.

Die Betrüger zeigen sich ihrer Natur gemäss gegen ihr Opfer von der liebenswürdigsten Seite.

---

†) no 168. Variante v. 612: Tant qu'il soit deceu.

164.* Li tricheor faus et vilain Si ne finiront jà de brere; Tels dit: „Je vous aim," Qui point et cunchie derriere. P. de Br. 171-74.

Sehr böse Gesinnung zeigt der Betrüger in Gestalt des Bedienten.

165.* Li lerres privez est trop maus. P. de Br. 147. cf. L. II. p. 171.

Wer an seinem Gebieter Verrat übt, wird hart bestraft werden.

166.† Droiz est que soie defors jetez al vent Por une pome se jo gerpis t'amor . . . . Jugiez doit estre à loi de traîtor Que si parjure et traïst son seignor. A. 110-111.

Das Wesen des Guten und Bösen wird gegenübergestellt in:

167.* Souvent on raconte et retraict Qu'a bon fait bon avoir a faire, Car qui des bons est souef flaire: Le mauvais ne prise une quille. Cha. 448-51. cf. L. II. 388, 481. A.A. XLIX p. 43 no 1; Paul Meyer Documents, mss de l'ancienne littérature de la France I, p. 60.

Ein Schurke wird nie seine schlechte Natur verleugnen können.

168.* Il a bele queue, le chat; Il ne pourra mais de lait boire. M. 505-06. cf. L. II 380: Qui a bu boira.

Wer einem Schurken hülfreiche Hand leistet, wird von diesem wenig Dank ernten.

169.* Or puis je bien dire et entendre Que li proverbes voir dira: „Qui le larron torne de pendre, Jà li lerres ne l'amera." P. de Br. 43-46. cf. L. II p. 492; A. A. XXIII. no 76, XLIX p. 89 no 521.

Dem Bösen bricht das Böse über dem Kopfe zusammen.

170. Je te dy bien dit le prophéte, Qui dit des mauvais qu'a ce chéent Que leurs maux sur leurs chiés leur chéent, Et il dit voir. S. Pan. 1384-87.

Der Bösewicht muss die Folgen seiner gesetzwidrigen Handlungen tragen.

171.* Et ordoiez doit aler en ordure. Theo. 416.

Wer es sich zur Aufgabe macht dem Schurken zu dienen, ohne seine Missethat gut zu heissen, wird sich bald mit ihm verfeinden.

172. Quar qui metroit toute sa vie A servir mauvès paine et cure Et si lessast à la foïe Por son mesfet soufrir ledure Tantost seroit l'amor faillie; Quar mauvès est de tel nature. P. de Br. 57-62.

c. Liebe, Ehe, Gesellschaft, Abstammung.

Die Liebe blendet die Menschen. Sie lässt jeden Reiz an einer Frau uns um so glänzender entgegentreten, so dass man eine Bettlerin für eine Königin hält.

173. Mais Amors si le gent enoint Et chascune grasse enlumine En fame, et fait sanler si grande, Si c'on cuide d'une truande Bien que che soit une roïne. J. Ad. 81 - 85.

Die Liebe besitzt Rechtskraft über alle.

174. Et par ces poins nous appreuve escripture Qu' Amour sur tous a juridicion Car Amour puet li sages soustenir Et les autres pugnir a son talent. Fem. Autr. Serv. 29 - 32.

Wer treu seiner Geliebten dient, den belohnt die Liebe.

175. qui sert sa dame loyaument, Amours l'en fait avoir bon guerredon S. Va. Sirv. cour. 56 - 57.

Die Liebe wird durch Ähnlichkeit hervorgerufen.

176.* Salemon dit que semblance est cause d'amour dont l'escripture dit, Ecclesiastici octavo: Toute beste ame son semblable. F. de P. Predigt p. 149.

Liebe ohne Mühe und Anstrengung hat keinen Wert.

177. Amer sanz paine riens ne vault, Et s'aime on trop miex le chaté, Quant il est plus chier achaté, Et s'emploie bien cilz sa paine Qui a perfeccion l'amaine.Emp. de R. 396 - 400.

Wer wahre Liebe gegen jemand hegt, der zeigt sie noch späterhin, ebenso wie man an den Scherben eines Topfes erkennen kann, was er ursprünglich war.

178.* †) Encore pert-il bien as tès quels li pos fu. J. Ad. 11.

Die Liebe währt oft nur so lange als Reichtum vorhanden ist; ist dieser verschwunden, so sind die guten Freunde nach allen Richtungen hin zerstoben.

179.* Jamais ne fault compte tenir De gens, quant tout est despendu; Long-temps a que l'ay entendu, Ung mot qu'on dit à l'aventure: L'amour si vault quant argent dure; Mais, quant finance est faillye, A peine trouve on nulle amye. Chev. 871 - 77. cf. L. II. 418; W. B. 1790; Rom. Stud. II. p. 191 no 4; p. 196 no 86.

---

†) no 178: cf. hierzu ausser L. II. p. 214 noch Les Proverbes del Vilain: Bien pert as grans murax Les paines, les travax Qu'orent li ancien A paine sont desfez Jà ne seront refaiz Par home crestien. Bien pert au teest qu'il li pot furent Ce dit li Vilains. (Manuscrit de la Bibliothèque du Roi, fonds de Saint-Germain-des-Prés 1239, olim no 1830 fol. 71 recto, col. 2 et 8). — Bien pert as fez moraus, As fors muraillz Les peines, les travaillz K'i eurent les ancien. A peine sount defeit Jà ne serount resfait, Pur houme crestien. Bien pert el chef quels les oilz furent. Ceo dist le Vilain. (Manuscrit Digby no 86, Bibliothèque Bodléienne, folio 145 recto, col. 1.)

Gedenkt ein Mann sich zu verheiraten, so lebt er in dieser Zeit in grösserem Wohlbehagen, als wenn er eine Frau hätte.

180.† S'il vous esmeut et boute En pensée de fame avoir . . . . . Car quant homme y est ahurté En ayse vit, en verité Plus grant que s'il estoit sanz famme, Ne n'acquiert pas si tost diffame: (Car je vous dy, sire roy,) Souvent vit joune homme en desroy Et péche trop plus par oultrage Quant n'a famme par mariage, Et fait plus d'inconveniens Qu'un autres homs et hors et ens. Ste. Bau. 31-40.

Folgende Sentenz preist das Glück der Ehe und geisselt das Junggesellenleben:

181. Maint sont marie dieu mercy Qui moult viuent joyeusement Et sont de bon gouuernement Pour eulz & pour le b'n publique Et aucuns qui ceste pratique De non marier moult appreuuent De dures adu'sitez treuuent Et des ennuis de jour en jour Et finent souuent en dolour Et de corps et de conscience Et ceulx qui par bonne prudence Enclinent leur loyal coraige Au bon lien de mariaige [Que vous d'ces estre si fort] Ont auis & meillur Ressort Que nont les jeunes folz volages Folz voire voir que cest folaiges De soy arrester en jeunesce Que cil qui attent la viellesce Ains que son cuer face meurir Avant ses jours se fait morir Car au Retraire vient a tart Si na qui de meschies le gart. Gris. 380 - 402.

Die Heirat ändert sehr die Tugenden des Menschen:

182. Si est il vray que marier Fait moult les vertus varier Et sest une chose doubteuse Trespesant & souspconneuse. Gris. 449 - 52.

Eine kirchlich geschlossene Ehe ist nicht rückgängig zu machen.

183. Car puis que sainte Eglise apaire Deus gens, che n'est mie à refaire. Garde estuet prendre à l'engrener. J. Ad. 48 - 50.

Nimmt jemand eine höhere Stellung ein, so muss auch die Gesellschaft, in der sich die betreffende Person bewegt, dem Range angepasst sein.

184.* Il n'est pas personne conmune En tant conme il est roy c'est une Ains est un homme singulier Si que a tel pot tel cuillier. Fi. de R. 202. cf. L. II. p. 280, 495.

Einen ähnlichen Gedanken spricht aus:

185.* Car chascun desire son per. Gris 1896. cf. D. II 601; L. II p. 267, 269.

Folgender Beleg geisselt den unerlaubten ehelichen Umgang zweier Personen:

186.* C'est un proverbe tout conmun Qu'il en fait conme de sa femme; [Et c'est a touz deux grant diffame, Ce m'est avis] Fem. 43-44.

Es ist besser zu einer günstigen Stunde geboren zu werden als von hoher Abstammung zu sein.

187.* Car, mon enfant, il vault miex naistre De bonne heure que de bons estre Selonc m'entente. Enf. 519 - 21. — 188.* Car je sçay bien il vault miex estre De bonne heure que de bon estre. M. F. R. 429 - 30. cf. zu 187 - 88: L. II, 319, 478; A. A. XLIX p. 43 no 4; H. Z. XI. p. 132 no 166.

Auf den Adel der Geburt darf Niemand bauen.

189. Bien maleureuse est qui se fie En noblesce si pou estable. Gris. 2198 - 99.

d. Tugenden, Streben nach dem Guten und dessen Belohnung.

Die grösste Weisheit besteht jeder Zeit in der Gottesfurcht.

190. Je vous respon briefment: Se vous voulez parfaittement Vivre et avoir vraie sagesce, Qui est une moult grant sagesce (Sire,) en tout temps et en tout lieu Aiez en vous la paour de Dieu. Ev. 40 - 44.

Weise handelt, wer zur rechten Zeit schweigt und am richtigen Platze redet.

191. Taire vault miex tant c'on conmande Parler; car tant c'on s'en abstient, En son pouoir parole on tient, Ce n'est pas doubte. Emp. de R. 883 - 86.

Die Demut wird als die Wächterin der anderen Tugenden bezeichnet.

192. je te conseil, De toy du tout met hors orgueil Et te fonde en humilité, Car c'est la garde en verité Des autres vertuz, (ce me semble) Et qui vertuz, sans elle assemble Il fait con celui qui au vent Porte pouldre, [je te convent]. S. J. le P. 281 - 87.

Auf die Demut muss man sich stützen, sie ist der Grundstein der anderen Tugenden.

193. Sur la vertu d'umilité [Mes amis], fonder se convient, Ou je vous di que l'en fait nient; Car qui vertuz en lui assemble Sanz humilité, il ressamble A celui qui la pouldre amasse Au vent, et le vent la detasse Et la gaste: c'est chose voire Et ainsi le dit saint Gregoire. . . quant on est humble de cuer Et tout orgueil est jetté puer, Qui l'ame destruit et confont Lors vient on aux vertuz qui font L'esperit riche de science, De conseil et de sapience, De pitié et d'entendement, Du bon de force et ensement De la paour nostre seigneur Qui n'est pas vertu mains greigneur Que les autres, ce dit mon livre. Car touz jours fait l'ame bien vivre. S. Ign. 541 - 61.

Ein demütiges Herz findet Erhörung.

194. La demonstra il visiblement Qu'essauciez est le cuer qui s'umilie Quant bonne amour par grace s'i assent. Cha.: Serv. 21 - 22.

Der Gehorsam des Herzens wird hervorgehoben in:

195. Raison est que li cuers s'envoise, Qui va la ou Dieu li commande. E. D. a. D. 1487 - 88.

Einem treuen, aufrichtigen Herzen ist die Lüge fremd.

196. Car cuer loyal ne peut mentir Ou vraie amour est et habite, Mais fait son devoir et s'acquitte Envers ce qu'il aime touz jours Soit de joie avoir, ou dolours Pour li porter. Ste. Bau. 998 - 1003.

Gegenseitige Offenheit und Aufrichtigkeit werden von Ehegatten verlangt.

197.* Avez vous point une parole Oye et un dit trop bien Que Salomon le sage dit? Que tout com l'espoux son cuer euvre Et que sa pensée descuevre Et dit a s'espouse loyal, Tant est il aise et hors mal Et tant a il joie parfaitte Que de riens nulle n'a souffraite. Ste. Bau. 538-46.

Wenig Worte zu machen, aber desto schneller zu handeln empfiehlt folgende Stelle:

198.* Pou parler et bien besoignier. Gris. 123. cf. L. II p. 371; cf. auch p. 429

Nur Beharrlichkeit führt zum Ziel.

199. Et si dit que chascun jour traitte A ce que la besongne faite Soit sanz eslongne. A. G. 287 - 89.

Geduld soll man bei allem zeigen.

200.* Prendre fault tout en patience. Chev. 578. cf. L. II. p. 244. 397: Rom. Stud. II. p. 173 no 183.

Oft wohnt der grösste Mut in einem unscheinbaren, schwächlichen Menschen.

201.* On a véu souvent grant cuer en cors petit. Ni. 409. cf. L. II. p. 294, 422 no 4, ähnlich p. 480, no 10.

Das gegenseitige Zutrauen wird hervorgehoben.

202. L'uns se doit en l'autre fier. Ni. 643.

Der Diener des Mitleids ist Gebieter über alle:

203. Car qui serf a pitié se moustre N'est pas serf, non, mais il passe oultre, Car il est de bien enseigneur Et se preuve de touz segneur. S. Sev. 311 - 14.

Von den Tugenden werden besonders Freundschaft in den einzelnen Dramen hervorgehoben.

Einige Male wird betont, dass wahre Freundschaft und Treue sich erst im Unglück offenbart.

204.* (Sire), au besoing voit on l'ami. Rob. le D. 2034. — 205.* Au besoing, voit-on son ami. Ni. 1246. — 206.* Son ami puet-on au besoin Essaier, ce seut-on retraire; Quar li ami bon et certain Aident de ce qu'il pueent faire. P. de Br- 167 - 70. Zu no 204 - 206 cf. L. II. p. 231 - 32, 468, 473, 485; Dür. I. no 495. A. A. XXIII no 31 u. 85; XLIX p. 52 no 106 a-h. LV p. 60 Anm. 2 no 6. II. Z, XI p. 127, no 118; Histoire littéraire XXIII p. 584; Schu.: p. 100, no 143. ecclesiastic.

VI, 7; XII, 9. Chanson de Gillebert de Berneville, manuscrit de l'Arsenal, in-folio, belles-lettres françaises, no 63, p. 153, col. 1.; Li Roumans de Cléomadès par Adenés li Rois v. 1118; Roman du Renart t. II. p. 76 v. 11631 u. t. III p. 32 v. 20618; Rom. Stud. I (Böhmer: Churwälsche Sprichwörter) p. 166 no 77; p. 199 no 141; Plaut. Truc. IV, 4, 32 (J. Schneider: „De proverbiis Plautinis Terentianisque" Berliner Dissertation 1878; Les Proverbes del Vilain, Manuscrit Digby, Bibliothèque Bodléienne no 86, folio 148 recto, col. 1, v. 25; Les Proverbes du Vilain, manuscrit de la Bibliothèque de l'Arsenal, belles-lettres françaises, in-folio, no 175, folio 277 verso, col. 1, couplet 144; Proverbes de Fraunce manuscrit du Corpus Christi College, Cambridge, p. 253, ligne 14; Martel a. a. O. no 237. Ennius: ‚Amicus certus in re incerta cernitur;‘ Ovid: ‚Donec eris felix, multos numerabis amicos: Tempora si‘ nulla, solus eris‘ oder ‚Scilicet ut fulvum spectatur in ignibus aurum, Tempore sic duro est inspicienda fides; Plautus Epidic. V 104: Is est amicus qui in re dubia re juvat, ubi re est opus; Petronius: In angustiis amici apparent; Euripide, Hécube; vers proverbial en patois aveyronnais ‚Cad' amic que s'y found demoro tout en crasso;‘ proverbe chinois: „On connait les bonnes sources dans la sécheresse, et les bons amis dans l'adversité; Quitard a. a. O. p. 125 - 27. — 207.* Homme desprisé, De tous refusé, S'il est accusé, Nul ne l'aydera. Chev. 142 - 45. cf. L. I. p. 256: II. p. 480; Rom. Stud. II. 191 no 4: p. 196 no 86.

Von zwei Personen, die enge Freundschaftsbande umschlingen, wird gesagt:

208.* Et que c'est de vous deux tout un: Ainsi le dit on en commun. Fem. 113 - 14.

Gegenseitige Unterstützung in Not und Gefahr zeigt echte Freundschaft.

209.* Et puis que nous sommes fréres, nous nous devons entreaidier, car l'en dit que deux ou trois fréres valent plus en une bataille que cinc ou six estranges. S. Va.: Predigt p. 122. — 210.* Frater qui adjuvatur a fratre quasi civitas firma, Proverbiorum XVIII⁰ ou Frére qui est aidié de frére est conme une cité bien fermée. S. Va.: Predigt p. 121. cf. L. II. p. 428. — 211. Nous devons porter liement L'ennoy que l'un pour l'autre avons. E. D. a. D. 620 - 21.

Gerechtigkeit und Mitleid müssen sich in dem Herzen eines Richters, der ein gerechtes Urteil fällen will, paaren.

212. A faire bien un jugement Fault deux choses: premiérement Justice et puis misericorde Car raison veult et droit s'accorde Que les maufaitteurs on pugnisse, Mais bon juge en faisant justice Doit avoir touzjours, bien s'i gart, A misericorde regart Aussi conme il a a justice: Voir est c'on doit pugnir le vice, (Sire), mais du malfaitteur voir Doit, on misericorde avoir Pour tant qu'il est ou homme ou femme. Ma. de G. 725 - 37.

Eifer bei der Arbeit ist gut angewandt.

213. [Mon chier seigneur], il ne pert mie Le temps qu'a estudier met. Eves. 48 - 49.

Je mehr Eifer man beim Erlangen von gewissen Dingen zeigt, desto mehr Anmut werden uns dieselben bereiten.

214. On voit, cecy est tout certain Que de tant conme cuer humain Est plus desirans nuit et jour, De tant treuve il plus de savour En la chose dont a desir, Si est conme il savroit saisir Mesmement quant tresprouffitable Si est la chose et honnorable. A. G. 65 - 72.

Wer gute Worte und gute Beispiele sich als Muster für sein Thun und Treiben nimmt, der wird sein geistiges Wohl fördern, im umgekehrten Falle dagegen die Tugend untergraben.

215. Car qui bonne parole entent Saluy ne tient il en attent Aucun prouffit en son affaire Si fait bon oyr exemplaire Et bonnes vertus Raconter Dont on puet par Raison monter En lestat de perfection Et cil qui par derision Ou par Rudeste nen a cure Je doubte que de sa nature Il ne soit de pou de vertu. Gris. 15 - 25.

Was ein Mensch sich vorgenommen hat, das wird er auch mit Hülfe seines Fleisses erreichen.

216.* On dit qu'a chose homme ne tent Dont il ne parviengne a effect. A. et A. 2 - 3.

Wer nach dem Guten strebt, wird nicht in Sünde verfallen.

217. Laisse le mal, si te pren al bien . . . . Si tu le fais, ne peccheras de rien. A. 68 und 71. cf. L. II p. 361 no 12, 377 no 8.

Schon dadurch, dass man den Guten zum Muster nimmt, vollzieht sich auch an uns eine Besserung.

218.* (Mon seigneur), on dit c'on amande De preudomme servir, c'est voir. S. J. Cr. 1085 - 86. cf. L. II p. 100, 286, 379, 496; A. A. XXIII p. 24, A.: 5; XLIX p. 67. no 244 ff; afz. Lebensregeln no 15 b.

Wer das Gute thut, soll auch nach dem Besseren trachten:

219.* Mais, se tu as bien fait, fay miex. Emp. J. 700. — 220.* Se bien as fait, fais encore miex. Par. Esc. 1975.

Treue Pflichterfüllung wird jedermann angeraten.

221.* Et face chascun son devoir. Ma. de G. 1303. cf, L. II. p. 298.

Ausdauer wird zuletzt durch Freude gekrönt.

222.* Joye acquiert qui tout temps dure. F. de P. 1366. cf. Dür.: I. no 168. (?)

Derjenige, welcher rastlos thätig ist, wird seine Mühe und Anstrengung belohnt finden, dagegen wer nachlässig ist, wird nur Schaden haben.

223.* Voirement dit bien celi voir Qui premier dit: „qui va si leche," Et aussi dit; „qui siet si seche." Pi. le Ch. 768-70. cf. L. II. p. 409 no 4, 468, 492; Dit de Buffet v. 258 (Fables et Contes, ed. Méon) III. p. 272. H. Z. p. 128. no 127.

Wer sich bestrebt das Gute zu thun, dem kommt das Gute von selbst.

224.* Car li bien viennent tout de soy. E. D. a. D. 1087.

Wer das Gute zu thun sich redlich bemüht, wird reichlich belohnt werden.

225.* Pense touzjours de faire bien, Et il te sera bien meri. Emp. J. 879-80. cf. L. II. p. 299, 314, 337. — 226.* Oui bien fet le bien trovera. P. de Br. 40. cf. L. II. p. 384, 481.

e. Fehler, Laster, Verbrechen, Strafe für das Böse.

Der Irrtum ist zu verzeihen, wenn man Reue darüber empfindet:

227. De mesprendre n'est pas merveille Puis que repentir on s'en veille, Mais merveille est quant on mesprent Et on ne s'amende et repent. Ste. Bau. 1575-78.

Blosse Meinungsverschiedenheit ist oft ein Hemmnis für die Verwirklichung guter Absichten. Dies zeigt:

228.* Non pour quant a ce je m'assens Que tant de testes, tant de sens Ce dit on souvent en conmun.' S. L. 808. cf. L. I 276; ähnlich II 418; D. II no 544.

Hat man zwischen zwei Torheiten zu wählen, so nehme man die bessere.

229.* Mais j'ay oy pour voir retraire Que de deux folies emprendre Doit on pour soy la meilleur prendre. F. de P. 1007-1009. cf. L. II. p. 281.

Wer sein Werk verkehrt angefangen hat, wird nie dasselbe vollenden.

230.* Car qui n'a bon conmencement Il ne peut a droit parfiner. S. Ign. 537-38. cf. L. II, p. 248, 312, 379.

Von zwei Übeln soll man das weniger nachteilige wählen.

231.* (Seigneurs,) de deux maux le mains pire Doit on eslire pour le miex. R. Thi. 669-70. cf. L. II. p. 281, 474; Dür.: II. no 752nt, H. Z. XI. p. 136 no 199; Plautus Truc. IV, 2, 21. Aeschyl. Suppl. 10?e le

Mit Macht bricht das Übel herein, aber nur langsmpte. ist es auszurotten:

232.* C'est voir que les maux a cheval Viennent, mais a pié, (sire doulx), S'en vont. Pi. le Ch. 333 - 35. cf. L. I. p. 263 - 64; Dür.: I. no, 262; Sainte-Palaye a. a. O. p. 237 (linke Spalte).

Zu grosse Freigebigkeit kann Schaden bringen:

234.* Trop donner peult nuyre. Chev. 607. cf. L. II. p. 353; Dür.: II. no 249.

Gegeisselt werden Geiz und Habsucht in folgenden Stellen:

235.* C'est uns maus c'on claime avarice. J. Ad. 202. cf. L. II. p. 378; Dür.: I. no 558; Schu.: p. 180, no 278. I. Thimoth. 6, 10. — 236. Car convoiteux est durement. Emp. J. 407.

Vor zu grosser Überstürzung warnt no:

237. Mais pas ne fault estre hastif Du premier quant on trouve proye. Chev. 366 - 67.

Zu langes Warten verursacht Langeweile.

238.* Car trop annuie a qui atent, Je le sçay bien, n'est pas nouvelle. Non. 345 - 46. cf. L. II. p. 229, 246, 328, 351, 479.

Den Verzug tadelt folgende Stelle:

239. (Je l'accors): preuz n'est la demeure. Cha. 653.

Jedoch dieser Stelle gegenüber wird der Verzug, das Aufschieben einer Sache, oft als etwas Vorteilhaftes hingestellt in:

240.* .I. jour de respit .c. mars vault; Mainte guerre en est mise a pais. Ni. 1235 - 36. cf. L. I. p. 105; II. p. 430 - 31, 396, 483; A. A. XXIII no 87; XLIX p. 81 no 412; Roman du Renart, ed. Méon., t. II. p. 234 v. 15930; Proverbes de Fraunce, manuscrit du Corpus Christi College; Cambridge no 450, p. 260, ligne 27.

Schmeichelei und Lüge benutzen die Schurken, um sich bei ihren Herren in ein gutes Licht zu setzen:

241. Baver, flater et bien mentir Font souvent [les] flateurs venir En grant bruyt et court de seigneurs. Chev. 123 - 25.

Bei seinen Mitmenschen soll man keinen falschen Schein erwecken:

242. savoir doiz sanz doubter Que le droit de canon pour voir Nous dit ainsi: „De decevoir Garde des hommes et des femmes Par fauces penances les ames. Guil. v. 669 - 71.

Auf den äusseren Schein darf man nicht viel geben, da derselbe oft zu sehr trügt.

243.* Voirement dit on voir: l'abbit Ne fait pas le religieux. Théo. 1036 - 37. cf. L. I. p. 36. Rom. Stud. II. p. 199 no 149; Sainte-Palaye a. a. O. p. 286 (linke Spalte); Martel a. a. O. p. 149 no 327;

La Fontaine, Fables liv. XI, 7 (le Paysan du Danube): Il ne 'faut pas juger des gens sur l'apparence. — Philosophum non facit barba.

Das Verheimlichen ist nicht ehrenhaft.
244. Le celer n'est preuz, ce me semble. Cha. 470.

Der Betrug erfasst gewöhnlich denjenigen, der ihn bewerkstelligt.
245. Li baras son seignor cunchie, Jà ni ne le saura farder; Et cil qui sert de tricherie Celui que il devroit garder, [Je di, par la vierge Marie], Qu'il seroit dignes de l'arder. P. de Br. 263-68.

Wer mutwillig Schaden anrichtet, ist auf dem Pfade der Sünde.
246. Et tu scez qui brise et entame Ce qu'il devroit garder entier D'avoir dommage est ou sentier. Par. Esc. 680-82.

Die Ausschweifung hasst Gott.
247. Pensés a la fin, [monseigneur], Et sachez que joye dissolue Devant Dieu n'est point de value. Chev. 176-78.

Zu grosse Verschwendung macht arm und nur zu spät bereut man seinen Fehltritt.
248. Aulcunes foys, par grans depens Excessifs et trop oultrageux Plusieurs en viennent souffreteux, Qui puis si se vont repentant De ce qu'ilz ont despendu tant Que plus n'ont de quoy bien faire. Chev. 230-35.

Der Zorn ist blind.
249.* cuer courrociez Ne scet a la foiz que doit dire. Ev. D. a. D. 194-95. cf. L. II. p. 275, 391; afz. Lebensregeln no 21.

Die Begierde und der Zorn hindern den Menschen daran, die Wahrheit zu erkennen.
250.† c'est convoitise et yre: Ces deux l'omme pas ne despechent Mais si les troublent et empeschent Que veoir ne peut verité. Bar. et Jos. 259-61.

In folgenden Stellen wird hervorgehoben, dass der höchste Kampf in der Besiegung der Laster besteht, und dass der dadurch erlangte Ruhm unvergänglich ist.
251. Et de doing c'est enseignement: Met au retenir diligence. Premier a la concupiscence De la char garde n'obeis; Argue avarice et despiz Vaine gloire, orgueil et envie, Et tant com tu seras envie, Destraccion eschiéve et ire; Grace rens a Dieu, nostre sire, Se tribulacions t'envoie, Car c'est le sentier et la voie De venir a la congnoissance De sa grace et a l'abondance De s'amistié. Guil. 1299-1311. —
252. Mais des vices victoire acquerre Par vertu de bonnes meurs vient, Et en ceste bataille avient Qu'elle surmonte de vertu: S'i a victoire le vaincu; Et nient moins il pert sa victoire Et est vaincu, c'est chose voire, Quant cruauté tant le surmonte Que d'avoir pitié ne fait compte. S. Sev. 296-304.

Nichts als Schlechtigkeit und Bosheit giebt es in der Welt.
253. Et lors congnoistrez vous qu'ou monde N'a que mauvaistié et malice. S. Ign. 511 - 12.

Das Zuwiderhandeln gegen ein Verbot ist leicht geschehen, aber die Strafe dafür ist empfindlich.
254. (?) Li fruiz fu dulz, la paine est dure. A. 582.

Wer eine böse That vollbringt, wird gebührende Strafe dafür erhalten.
255.* La sentence est en l'escripture Escripte contre lui trop dure; Je ne say se vous la savez. Dire la vueil, or entendez: „Qui de glaive ferra autruy a glaive ira le corps de lui." Ev. 1009 - 1010. cf. L. II. p. 388. — 256.* Bien doit avoir mal paiement Qui male œvre veut maintenir. P. de Br. 221 - 22. cf. L. II. p. 396. — 257.* „Qui mal fet, ce dist l'Escripture, Mal trouvera": c'est ma creance. P. de Br. 277 - 78. cf. L. II. p. 385, 395; Dür.: II. no 654; afz. Lebensregeln a. a. O. no 25. — 258. Trop a male semence en semoisons semée De qui l'ame sera en enfer sorsemée. The. 410 - 11, — 259. Se mal as ouvré, Pour Dieu n'y vueilles rencheoir, Car sentir tu puez et veoir Ce qui en vient. Pa. 919 - 22. — 260. Il convient les meffaiz pugnir, [Biaux seigneurs,] ce dit saint Thiécle, En cestui ou en l'autre siécle: Et les paines de par dela Son trop plus griefs que ceux de ça. Ste. Bau. 1967 - 71.

f. Zwang, Notwendigkeit.

Das „Müssen" ist etwas Schweres.
261. a-c.* Grant chose a en „faire l'esteut." 1. F. de P. 273. — 2. Non. 548. — 3. Ma. de G. 476. cf. L. II. p. 303; A. A. XLIX no 629; Z. f. rom. Phil. III. p. 243: Richart le biel 2757; Méraug. 99,1; Amadas 465; Dolop. 85; Perc. III, 95; Atre 2233, Renart 13800, 15450, 17726, Rose I, 58. Barbazan-Méon III, 299,94.

g. Krieg und Frieden.

Wer ohne irgend welche Veranlassung Krieg heraufbeschwört, begeht eine grosse Torheit.
262. grant foleur brace Qui guerre sanz raison esmeut. A. et A. 438-39.

Krieg zwischen Vater und Kindern ist etwas Verhängnisvolles; die Kinder begehen eine schwere Sünde, die die Rechte des Vaters beeinträchtigen.
263. Quant guerre est entre enfans et pére, C'est trop dure chose et amére, Et les enfans trop griefment péchent Qui le droit de leur pére empeschent. Ste. Bau. 1513 - 16.

Es giebt zwei Zeiten, die des Friedens und die des Krieges.
264. Il est un temps qu'il convient Amer, en autre fault hair, Temps de paiz et temps d'envair, C'est a dire temps de bataille. Bar. et Jos. 1098 - 1101.

Teil II.
Betrachtungen über die Sprichwörter.

1. Kennzeichen der Sprichwörter.

A. Kadler hat in seiner Arbeit: „Sprichwörter und Sentenzen der altfranzösischen Artus- und Abenteuerromane." A. A. XLIX hinlänglich dargethan, welches die Unterschiede zwischen Sprichwort und Sentenz sind, indem er hierbei die Programmarbeit von Dr. Kirchner † zu Rate zog, so dass wir es für überflüssig halten, noch einmal die Begriffsweite der beiden Gattungen zu fixieren. Ich möchte nur noch zur weiteren Orientierung der Schriften von Becker, †† Jean Paul und Wackernagel Erwähnung thun. Gehen wir daher gleich zur Besprechung der Kennzeichen der Sprichwörter in unseren Dramen über.

Carl Schulze hat in seinen Abhandlungen ††† auf die Mannigfaltigkeit der Ausdrücke, welche die Sprichwörter in der älteren deutschen Sprachperiode als solche kennzeichnen, hingewiesen. Dieser verschiedenen Bezeichnungsweise steht auch im Altfranzösischen eine grosse Zahl von Ausdrücken gegenüber.

a. Bezeichnung für „Sprichwort".

Bei dem vorliegenden Material finden wir die Bezeichnungen: *proverbe* in 103, 169, 186, *parole* in 197; *mot* in 179. Ein Vergleich der in unsern Texten begeg-

---
† Kirchner: Parömiologische Studien. Kritische Beiträge, I u. II. Programm der Realschule I. O. zu Zwickau 1879|80.
†† Becker: Das Sprichwort in nationaler Bedeutung. Programm. Wittenberg 1851; Jean Paul: Nachschule zur Ästhetischen Vorschule § 17. Hempelsche Ausg. Bd. 53, p. 174; W. Wackernagel: Poetik, Rhetorik und Stilistik. Akademische Vorlesungen. Halle 1873 p. 154.
††† Carl Schulze: 1. „Ausdrücke für Sprichwort" in Haupts Zeitschrift für deutsches Altertum VIII, p. 375. — 2. „Die biblischen Sprichwörter der deutschen Sprache." Göttingen. 1860.

nenden Ausdrücke für Sprichwort, welche die Volks- und Kunstepen dafür verwenden, ergiebt folgendes. Alle vorher genannten Bezeichnungen finden sich sowohl in A. A. XXIII als auch XLIX wieder. Dagegen ist es auffällig, dass einige Benennungen für Sprichwort sich nicht in den Dramen finden, die Ebert und Kadler als oft verwandt nachweisen. Es sind dies folgende Ausdrücke: *reprouvier* A. A. XXIII: 5, 7—8, 16, 27—29, 35—38, 42—44, 46, 64, 66, 77—78, 81—82, 88; A. A. XLIX: 124, 284, 470, 610, 624, 629; *respit:* A. A. XXIII: 30; A. A. XLIX: 14, 424, 529; *parler:* A. A. XXIII: 23—25, 27; *verve:* A. A. XLIX: 244; *recors:* A. A. XLIX: no 456. Wir können uns wohl der Ansicht Kadler's anschliessen, dass die Ausdrücke anfangs genau begrifflich geschieden worden sind, dass aber später der synonyme Unterschied im Gebrauch verdunkelt wurde. Auch unsere geringen Belege bieten uns keinen Anhalt, irgend welche begriffliche Verschiedenheit feststellen zu können. Gewöhnlich ist in unseren Fällen die Bezeichnung durch längere Wortumschreibung noch näher gekennzeichnet.

Um die allgemeine Bekanntheit des Sprichworts hervorzuheben, sagt der Dichter:

186. C'est un proverbe tout conmun,

um die Wahrheit des Sprichwortes zu bekräftigen, bedient sich der Autor der weitläufigen Umschreibung:

169. Or puis je bien dire et entendre
Que li proverbes voir dira.

Oder in 103 wird nach dem Sprichwort noch die Quelle, aus der die betreffende Stelle geschöpft ist, hinzugefügt mit den Worten:

et ce tesmoigne le sage en proverbes qui dit.

Höchst wahrscheinlich ist darunter der weise Salomo zu verstehen, dessen Sprüche dem Volke in Fleisch und Blut übergegangen zu sein scheinen. 197 wird als Citat aus Salomo ausdrücklich gekennzeichnet;

Avez vous point une parole
Oye et un dit trop bien
Que Salomon le sage dit?

Um das Alter des Sprichworts anzudeuten, gebraucht der Dichter folgende Umschreibung in 179:

Long-temps a que l'ay entendu,
Ung mot qu'on dit à l'aventure:

b. Andere Merkmale für Sprichwort.

Auch ohne die betreffenden Bezeichnungen für „Sprichwort" sind im Drama häufig die Sprichwörter durch begleitende Wendungen näher als solche gekennzeichnet. Gewöhnlich sind die Wendungen dem Sprichwort vorangestellt. Auch in dieser Hinsicht findet zum grossen Teil Übereinstimmung unserer Texte mit denen von Ebert und Kadler untersuchten statt.

Das einfachste und sicherste Kriterium eines Sprichworts ist die einleitende Formel *on dit* 216, 218, ein Merkmal, das in A. A. XXIII p. 10—14 u. XLIX p. 9 zahlreiche Belege bietet. Der Hervorhebung wegen erfährt dieses *on dit* noch Erweiterungen wie:

Voirement dit on voir 243.

Für *on dit* tritt in einigen Fällen *l'en dit* ein z. B. 209, um die häufige Anwendung zu betonen, wird zu *l'en dit* noch *souvent* hinzugefügt in 94. In A. A. XXIII fanden sich keine Belege für *l'en dit*, dagegen stehen uns aus den Kunstepen folgende Fälle zu Gebote: 45, 91, 111, 310, 325b, 596, 607; 463 *(pour ce dit l'en)*. Man vergleiche auch *l'en seut dire* 127b, *l'en doit (deit)* 415, 636, 653 in A. A. XLIX. Das verallgemeinernde *on* wird durch einen ganzen Relativsatz umschrieben:

223. Voirement dit bien celi voir
Qui premier dit.
Synonym mit on dit ist in 167: Souvent on raconte et retraict.

Bei einigen Sprichwörtern wird der Gewährsmann hinzugefügt, so Salomo in 153 u. 176, bei letzterer Nummer wird zur Bekräftigung des Gesagten noch eine andere Bibelstelle zitiert. Auf Hiob wird verwiesen 74. Im Anschluss hieran seien noch einige vereinzelt vorkommende Fälle genannt. Das christliche Gebot wird hervorgehoben durch *car il dit* 58, zur Bezeichnung des Gesetzmässigen wird zitiert 121: *car le droit dit*.

Eine andere Gattung von Sprichwörtern wird eingeleitet durch die Formeln:

j'ay oy pour voir retraire 229,
c'est voir que j'ay oy nuncier 158

Auch in A. A. XXIII p. 18—21 und A. A. XLIX p. 9 ist diese Art in noch weit grösserer Zahl und Mannigfaltig-

keit vertreten. Bei 232 geht dem Texte *c'est voir* voran. Man vergleiche hierzu Kadler p. 9. — Vereinzelt finden sich noch die Einleitungsformeln:
- sachez in 11;
- Ce point savoir devez in 79;
- Vous dites voir. . . . . . .
- Non pourquant a ce je m'assens 228;
- Car souvent avient chose est clere 132.

Den Stempel echt subjektiven Gepräges tragen folgende Wendungen an sich:
- 163: A di;
- 255. Je ne say se vous la savez, Dire la vueil, or entendez;
- 188. Car je sçay bien . . . .

Kadler hat eine ganze Anzahl von Sprichwörtern mit einem einleitenden *Je di* belegt. cf. a. a. O. p. 9—10.

Weniger zahlreich sind die Beispiele dafür, dass irgend eine Wendung in den Text des Sprichworts eingeschoben oder am Schlusse an das Sprichwort angefügt wird. Die Fälle sind folgende:

Eingeschoben werden in das Sprichwort die Formeln *se dit on* in 117 und *ce sceut-on retraire* in 206.

Am Ende sind hinzugefügt Wendungen wie: *c'est voir* 218; *c'est tout voir* 24; *ainsi le dit on en commun* 208; ähnlich *Ce dit on souvent en conmun* 228; *au dire voir* 114; *c'est ma creance* 257; *or le savez* 153; ferner die subjektive Wendung unter Hinzufügung einer Bekräftigung der allgemeinen Gültigkeit: *Je le scay bien, n'est pas nouvelle* 228.

Die Sprichwörter der Karlsepen bieten für diese Gruppe zahlreiche Belege, so A. A. XXIII: 2, 3, 5[b, d], 12, 13, 14[b, c], 15[a], 17[a], 32, 48—50, 59, 75, 84, 90; Kadler unterwirft diese Gattung auf p. 10 seiner Abhandlung einer kurzen Betrachtung.

Charakteristisch für die Dramen ist der Umstand, dass sich in denselben nicht Sprichwörter belegen lassen, die mit folgenden Merkmalen behaftet sind: einerseits *li vilains dist*, andrerseits mit dem verallgemeinernden *tel*, Kennzeichen, die häufig die Sprichwörter der Karlsepen und der Artusromane begleiten und einleiten. Für die Beliebtheit des einleitenden *li vilains dist* zeugen die grosse Zahl der Belege: Ebert a. a. O. p. 14—16 und Kadler

p. 9. Mit *tel* beginnen gern die Sprichwörter der Artusromane cf. A. A. XLIX p. 10, seltner sind die Fälle in A. A. XXIII: 5º, ʳ, 100.

Der Grund für das Fehlen der Einleitungsformel *li vilains dist* ist unschwer darin zu finden, dass das bei der Aufführung der Dramen anwesende Publikum gerade aus den niederen Schichten des Volkes bestand, während die Hörer der Epen den höheren Ständen angehörten, also im ersteren Falle der *vilains* nicht wohl als dritte Person dem Publikum gegenüber zitiert werden konnte.

Was können wir, wohl bei den übrigen Sprichwörtern als Kriterium annehmen? Dies ist vor allem die Form, das äussere Gepräge des Sprichworts. Als erste Bedingung tritt die Kürze hervor. Kurz und präzis ist das Urteil des Volksverstandes; in kurzen Worten pflegt der Volksmund einem jeden die Wahrheit zu sagen; kurz und knapp muss immer sein, was schlagfertig sein soll: die in allen Lagen rechte Antwort und die rechte Lehre macht das Sprichwort geeignet zu praktischem Dienste, macht es geschickt zur Anwendung und zum Umlaufe im Volksmunde und giebt eine Bürgschaft für dessen Bewahrung und Erhaltung.

Dieser Gruppe gehören an:
1, 3, 16, 50, 53, 56—57, 72, 80, 88—93, 95—97, 108 bis 109, 117—118, 120, 124, 128, 138, 140, 147—48, 157, 159—60, 162—63, 165, 168, 171, 178, 184—85, 187, 198, 200—201, 204—205, 210, 219—22, 224—26, 230—31, 234—35, 240, 249, 256, 261ᵃ⁻ᶜ.

Eine genügende Anzahl von Belegen für diese letzte Gruppe bieten auch A. A. XXIII no 92—113 (ausser der grossen Zahl von denjenigen, welche bei den mit Kennzeichen versehenen Sprichwörtern bereits als inhaltlich gleiche Belege angeführt waren) und A. A. XLIX p. 10.

2. Bau und Sprache der Sprichwörter.

a. Bemerkungen zum Satzbau.

Eine Untersuchung des Baues der Satzgefüge wird bei dem geringen Material, welches uns vorliegt, nur wenige Resultate liefern können. Eine Parallele mit den Resultaten, welche die Untersuchungen des Satzbaues der

Sprichwörter in den Artusromanen geliefert haben, hat zu dem Ergebnis geführt, dass sich sämtliche in A. A. XLIX erwähnten Satzformen auch von unserem Material belegen lassen. Es ist hier nicht nötig, noch auf Heft XXIII der A. A., dessen Verfasser den Satzbau ununtersucht gelassen hat, zu rekurrieren, da Kadler bei jeder einzelnen Satzform die Beispiele zur Vergleichung aus der Arbeit von Ebert anführt.

Da das Sprichwort eine durch Erfahrung erprobte Wahrheit in knapper, aber deutlicher Weise veranschaulichen soll, so wird der Schlüssel für seine Form in der des einfachen Behauptungssatzes gefunden sein, indem gleichzeitig durch Anwendung des Praesens der für alle Zeiten gleichbleibende Wert des Inhalts festgestellt wird. Nur in einem Falle ist das Passé indéfini im einfachen Behauptungssatze verwendet (no 201).

Es ist eine ganze Anzahl von Belegen, die die Form des einfachen Behauptungssatzes aufweisen. Als Beispiel sei angeführt 165:

>   Li lerres privez est trop maus.

Hier treffen wir die regelmässigste Form an. Weitere Belege sind folgende: 3, 79—80, 117, 176 (zweiter Teil), 200—201, 234, 261 a-c. Man vergleiche hierzu A. A. XLIX p. 11—12.

Hie und da ist die Inversion erforderlich, hervorgerufen einerseits durch Innehaltung des Reimes, andrerseits auch durch Voranstellung eines Satzgliedes bewirkt. z. B.

>   118: tout emporte li vins

Ebenso no 88, 97, 204—205. cf. Kadler p. 12.

Es folgen nun noch einige Fälle, die einfache Hauptsätze mit regelmässiger Wortstellung oder mit Inversion aufweisen, von denen immer zwei asyndetisch verknüpft sind. z. B.

>   240: .I. jour de respit .c. mars vaut;
>   mainte guerre en est mise à pais.

Ferner 96 und 168.

In 24 und 153 sind zwei einfache Behauptungssätze durch *et* verbunden. z. B.

>   24: . . . . homme propose
>   Et Diex ordené . . . . .

Im Gegensatz zu den oben erwähnten Fällen, bei denen keine Verknüpfung mit dem vorhergehenden Text stattfand, finden sich auch Sprichwörter, die nach formelhaften Einführungen mit dem vorhergehenden verknüpft sind durch *que* (also *on dit que etc.*), oder wo die Verbindung durch Voranstellung eines *car, et* u. s. w. geschieht. cf. A. A. XLIX p. 12.

Im Allgemeinen wird dadurch die regelmässige Wortstellung wenig verletzt. Durch *que* sind verbunden 103, 132, 176, 218, 228 z. B. 103
on dit que bonnes nouvelles esleescent le cuer d'omme.

Die Anlehnung an den vorhergehenden Text geschieht durch *car, et* in 72, 108—109, 171, 185, 224 u. s. w. z. B. 224:
Car li bien viennent tout de soy,

Inversion weisen auf die Nummern 138 und 218.

In einigen Fällen finden wir das Subjekt ganz verallgemeinert d. h. die abstrakte Wahrheit wird ohne Anwendung eines anschaulichen Bildes ausgesprochen. Dies geschieht hauptsächlich durch das verallgemeinernde Subjekt *on*, dann auch durch chascun. Als Belege dafür dienen 185, 201, 204—206 z. B. 201:
On a véu souvent grant cuer en cors petit. cf. Kadler p. 12.

Einige der Fälle weisen zugleich Inversion des Subjekts auf.

Der negierte Hauptsatz zeigt wie der positive regelmässige Wortstellung, Inversion oder verallgemeinerndes Subjekt. Zu dieser Gattung sind zu rechnen 120, 243 z. B. 243:
l'abbit
Ne fait pas le religieux. cf. Kadler p. 13.

Es kommt auch vor, dass das Sprichwort der Kürze wegen eigentliche Ellipsen erzeugt, so z. B. das **verbum aufgiebt**, das jedoch leicht hinzuzudenken ist. Unsere Texte bieten nur wenige Beispiele der Art: 184, 198, 228.
184: a tel pot tel cuillier.

Es ist hier dem Sinne nach logisch ein estre zu ergänzen im Sinne von „gehören." In 198 kann man il faut oder on doit hinzufügen. Kadler behandelt diese Gruppe auf p. 13.

In vielen Fällen wird für ein Sprichwort ein **einfacher Hauptsatz** nicht ausreichen, indem das eine oder das andere Satzglied der Deutlichkeit wegen eine notwendige Erweiterung erfahren muss. Zum grossen Teil werden diese Erweiterungen eines Satzgliedes durch Attributivsätze entstehen, die meist relativischen Charakters sind. Auch wird es vorkommen, dass der Dichter ein einfaches Nomen durch einen ganzen Satz umschreibt. Dieser Gattung widmet Kadler unter Heranziehung von Belegen gleicher Art aus A. A. XXIII seine Aufmerksamkeit auf Seite 13—14.

Eine attributive Erweiterung hat das Subjekt erfahren in 50, 115 (das logische Subjekt), 147 z. B. 50:
„cuer qui se fie
En Dieu ne peut estre periz."

Relativisch erweitert ist das Objekt in 89—90, 216 (Objekt chose), 235 z. B. 89:
Tout avient ce qu'avenir doit.

Oft ist ein Nomen durch einen ganzen Satz vertreten, eine Konstruktion, die häufig Verwendung findet. Eine Reihe von Sprichwörtern charakterisieren sich gerade in ihrer Allgemeinheit dadurch, dass sie diese Konstruktion aufnehmen d. h. den beziehungslosen Relativsatz (cf. Lücking § 246, I) anwenden, der für ein bestimmtes Subjekt oder Objekt eintritt. z. B. 53:
qui s'abandonne
A Dieu servir ne peult perir.

Dieser Rubrik sind ferner zuzuweisen: 56, 91, 93, 114, 148, 158, 167 (v. 450), 169, 223, 226, 230, 255, 257. cf. A. A. XLIX p. 14. In einigen Fällen folgt der Relativsatz als Nachsatz, wie 227 zeigt:
Joye acquiert qui tout temps dure.

Hierher gehören ausserdem 162—63, 228, 249, 256. Man vergleiche A. A. XLIX p. 14. Wenig ändert sich der Charakter des Satzgefüges, wenn im Sprichwort dem Relativpronomen ein determinatives *cil* vorhergeht. Dies ist der Fall in 160:
Folz est cil qui autrui desvoie,
Qui entrez est en bonne vie.

Kadler verzeichnet eine ganze Anzahl solcher Fälle auf p. 15 (oben).

In 164 steht das indefinite Pronomen *tel* dem Relativum *qui* gegenüber.

> v. 173—74. Tels dit: „Je vous aim,
> Qui point et cunchie derriere."

Das hypothetische Satzgefüge hat Anwendung gefunden in no 16, 219—20, wobei zu bemerken ist, dass der Nachsatz oder Folgerungssatz in der Form des Heischsatzes auftritt z. B. 220:
> Se bien as fait, fais encore miex.

Zu dieser Gruppe gehören ferner noch 94, 207.

Das temporale Satzgefüge finden wir auch vertreten in einigen Nummern. Es sind 1, 11, 92, 95, 157, 159, 169, 178 und 234. Als Beispiel zitieren wir:
> 159: Tousjours sont li connart batit,
> Jà n'ierent liet s'on ne les bat.

Kadler bringt Beispiele für diesen Typus auf p. 15—16.

Während in den bisher angeführten Formen des Satzes das Sprichwort nur eine Thatsache gab, entweder für sich allein oder hypothetisch, kommt das Sprichwort auch unter Anwendung von adversativen und komparativen Satzgefügen vor, indem es zwei Thatsachen gegenüberstellt.

Für das adversative Satzgefüge finden sich folgende Belege in unseren Texten: 124, 179 und 232. Als Typus des in dieser Form koursierenden Sprichworts diene:
> 124: Avoirs puet aler et venir;
> Mais son non escille et deffait. cf. Kadler p. 16.

Gehen wir zur Betrachtung des komparativen Satzgefüges über und zwar zunächst zur Besprechung dessen der Gleichheit. Hierher sind zu rechnen 57—58, 74, 121, 186, 197, 208, 210 z. B. 210:
> Frére qui est aidié de frére est conme une cité bien fermée.

Kadlers Belege finden sich a. a. O. p. 16, ebenso für die nächste Gruppe. Geringer ist die Zahl der Fälle, wo zwei ungleiche Thatsachen gegenübergestellt werden. Es sind 187—88, 209, 229, 231. Zur Illustration diene 187:
> il vaut miex naistre
> De bonne heure que de bons estre.

In einigen Fällen tritt das Sprichwort in der Form des Heischsatzes auf. Wir haben zu nennen 140 und 225 z. B.

140. . . . . . ne croyez rien
De chose que femme vous die.

Kadler bringt auch zwei Belege auf p. 17.

Ein Fall bleibt noch zu berücksichtigen, nämlich dass im Heischsatze statt des Imperativus der Conjunctivus angewandt ist. Er liegt vor in 221:
Et face chascun son devoir.

Kadler hat kein Beispiel für diesen Fall, wohl aber findet sich ein Beleg dafür bei Ebert, Spr. 9. Zuletzt führt Kadler noch Beispiele für Sprichwörter, welche die charakteristische Einleitung *on doit* resp. die verneinte Formel *on ne doit pas* oder *nus doit* zeigen, an. Auch A. A. XXIII bringt eine Anzahl Belege. Unsere Texte bieten keine Sprichwörter mit derartigen Eingangsworten resp. -formeln.

b. Länge der Sprichwörter unter Berücksichtigung der Reime.

Selbstverständlich können in diesem Kapitel die Sprichwörter, welche die Predigten unserer Texte, die ja mit einer Ausnahme in Prosa abgefasst sind, enthalten, nicht Berücksichtigung finden. Es sind folgende Spr.: 74, 103, 176, 209, 210,

Wir finden es leicht erklärlich, dass der Dichter bei dem Einfügen der Sprichwörter als Moral in die subjektive Rede der handelnden Personen in den Dramen manche Schwierigkeiten zu überwinden hatte. Nicht immer werden sich dieselben in der Fassung, wie sie der Volksmund überliefert, gleich dem Verse anpassen lassen. Zwei Wege bieten sich dem Autor. Entweder wird er den Text des Sprichwortes durch Zusätze erweitern oder denselben kürzen müssen. Um die Sprichwörter auf die Länge hin prüfen zu können, müssen wir sie von ihrer Umhüllung loslösen, und hierbei wollen wir, um eine Parallele mit dem analogen Abschnitt in A. A. XLIX ziehen zu können, auch wie Kadler an dem Gesichtspunkte der formalen Einteilung festhalten. Es ergeben sich demnach wie bei ihm die drei Gruppen:

a) Sprichwörter, die einen ganzen Vers einnehmen oder einen Teil desselben bilden,

b) Sprichwörter, die zwei Verse ganz oder nur teilweise umfassen.

c) Sprichwörter, die auf drei oder mehr Verse verteilt sind.

Gruppe a.

Die Sprichwörter dieser Rubrik werden meistenteils die Form eines einfachen Hauptsatzes aufweisen, welche, wie wir ja im vorigen Abschnitt gesehen haben, dem Sprichwort sehr geläufig war. Andrerseits können sie auch in dieser Form ohne irgend welche Zusätze leicht in den Kontext eingeschoben werden. Als Beispiel diene:

4. En petit de temps Diex labeure.

Ohne weitere Zusätze sind folgende Srichwörter verwandt, die genau in einen Vers passen: 3, 56, 79, 88—90, 95, 114, 120, 162, 165, 186, 198, 200—201, 205, 220, 222, 226, 234—35, 261 a-c. Kadler behandelt diese Gattung auf p. 18 (oben).

Zum Vergleiche wollen wir aus A. A. XXIII, da dies in Kadler's Abhandlung unterlassen ist, die hierher gehörigen Parallelstellen anführen:

5 (Ant. II p. 250 v. 19—20); 15 (R. d. C. p. 226 v. 7—8, A. et A. v. 1218, A. l. B. p. 42 v. 28, G. v. 9124), 16 (H. d. M. v. 9892, E. O. v. 2601, A. d. B. p. 128 v. 23, J. d. B. v. 214, M. v. 307, A. d. B. p. 170 v. 19, Gar. d. M. ms. f. 13 c v. 2 u. 97a v. 30); 17 (H. C. v. 3138); 18 (G. v. 8117, A. v. 800, A. v. 2229, A. v. 2276, Loh. II p. 132 v. 15, Gar. d. M. ms. f. 101 c v. 24, Ch. O. v. 10140); 27—30; 31 (H. d. M. v. 8117—18, Loh. I p. 53 v. 4, M. d. G. v. 661); 32; 34—39; 41; 47; 53; 54 (G. d. B. v. 2134), 55; 58; 60; 61; 66 (A. l. Borg. p. 233 v. 25—26); 72; 74; 79; 80 (Ch. au C. v. 1214); 85 (R. d. M. p. 64 v. 13, F. v. 221); 86; 88 (A. d. B. p. 16 v. 8); 92 (E. d. G. v. 1565); 93—94; 96—97; 98 (Aq. v. 1079, A. l. B. p. 123. v. 17, G. v. 9886, B. d. C. v. 559); 99—101; 103 (J. d. B. v. 3254); 104 (Loh. B. 48 f. 13 u. 54a 32), 105; 107—111.

Bei einer Anzahl haben die Verfasser unserer Texte sich dadurch zu helfen gesucht, dass sie, um das in ihren Dramen angewandte Versmass nicht zu verletzen, die Sprichwörter mit dem vorhergehenden Texte durch Flickwörter wie *car, encore, et, mais* verknüpfen. Dies ist bei folgenden Belegen der Fall:

car 72, 80, 108—109, 138, 185, 224, 228;
encore: 1 und 178;
et: 91, 171, 221;
mais: 219.

Kadler behandelt diese Fälle auf p. 18 (Mitte).

Aus A. A. XXIII mögen folgende Nummern hierfür als Beispiel dienen:

car: 14 (R. d. M. p. 227 v. 2), 16 (B. d. B. v. 1656), 20, 81 (E. O. v. 1256), 82, 92 (B. d. B. v. 4094), 98 (C. d. J. v. 8969, Ant. II p. 27 v. 9), 106.
et: 18 (A. v. 671).
mais: 16 (P. l. D. v. 93), 18 (Gar d. M. ms. f. 101c v. 24), 21 (H. v. 687), 57, 104 (Ch. au C. v. 337), 112.
ains: 98 (G. d. M. p. 495 v. 31).
que: 16 (Gfr. v. 8863), 19, 22. 25, 33, 40, 43, 63, 69, 73, 77, 85 (R. d. M. p. 356 v. 36—37), 87, 89, 91.

Unsere Dramen enthalten nur zwei Sprichwörter, welche mit dem vorhergehenden Texte durch *que*, das im Verse Silbenwert hat, verknüpft sind, nämlich 132, 228. Die Fälle, wo *que* apostrophiert ist, können hier unberücksichtigt bleiben, da ja in diesen Fällen ohnehin das Sprichwort einen ganzen Vers einnimmt. Es bleibt noch zu erwähnen, dass zwei Mal die Verknüpfung durch *si' que* 184 und *et que* 208 hergestellt ist.

In mehreren Fällen hat der Autor die Person, an welche das Sprichwort gerichtet ist, vor dasselbe in den Text gesetzt, vielleicht, um die Aufmerksamkeit des betreffenden Hörers möglichst darauf zu lenken, vielleicht auch nur, um dem Versmasse gerecht zu werden. Es ist dies der Fall in 91 u. 204, wo beide Male dem Sprichwort ein *Sire* vorausgeschickt ist. Kadler verzeichnet keinen solchen Fall. In A. A. XXIII haben wir nur ein Beispiel hierfür gefunden: 14 (R. d. C. p. 180 v. 8). Sonst kommt es in den Karlsepen häufig vor, dass die Personen, denen das Sprichwort zugerufen wird, genannt werden, aber gewöhnlich wird dann der Name mit einer längeren einleitenden Formel verknüpft, so dass dadurch schon ein ganzer Vers erzeugt wird. Man vergleiche hierfür: 36, 55, 60—61, 62 (Sprichwort ist hier zweizeilig), 90.

In 118 und 163 unserer Texte ist der Wortlaut des Sprichworts so konzis gefasst, dass der Dichter, um nicht das vorgeschriebene Versmass zu verletzen, in den Vers *Non fai* und *A di (= Ah, je dis)* einfügt. Kadler verzeichnet 8 Fälle der Art auf p. 18—19. In den Karlsepen findet dies noch viel häufiger statt, da dieselben ein längeres Versmass als die meisten der Dramen anwenden — nämlich den Zehn- und Zwölfsilbler. Hauptsächlich werden die sprichwörtlichen Einleitungsformeln in kürzerer und längerer Form zur Füllung des Verses herangezogen. Dies kann man beobachten in Eberts Arbeit bei 2—3, 9, 11—13, 14 (R. d. M. p. 195 v. 11, H. de M. v. 8128) 15 (F. v. 5276), 48—49, 54 (Gfr. v. 6167), 75, 84, 90.

Gruppe b.

Diese Gruppe enthält diejenigen Sprichwörter, welche zwei Verse einnehmen, und zwar ist hier zu unterscheiden zwischen solchen, welche zwei volle Verse umfassen, und solchen, die teilweise auf zwei Verse verteilt sind. Im ersteren Falle wird der Dichter das Sprichwort meistenteils in der Fassung, wie ihm der Volksmund dasselbe überlieferte, in den Text eingefügt haben. Vielleicht hat er hie und da, um den Reim mit dem vorgehenden oder nachfolgenden Verse nicht zu verletzen, etwas im Wortlaut ändern müssen. Im andern Falle dienen dem Dichter sprichwörtliche Redewendungen, Flickwörter oder Erweiterungen dazu, dem im Drama angewandten Versmasse gerecht zu werden.

Betrachten wir zuerst die Sprichwörter, welche zwei volle Zeilen einnehmen. Dem Bau nach weisen sie zum grossen Teil den erweiterten Hauptsatz oder das Satzgefüge als Form auf. Hierher gehören 57, 96—97, 124, 128, 148, 157—60, 168—69, 255—56.

Hie und da mag der häufige Gebrauch im Volksmunde das Sprichwort zum Reime abgerundet haben, in andern Fällen hat vielleicht erst der Dichter dasselbe mit Reim versehen, indem er synonyme Ausdrücke für ursprünglich dastehende einsetzte. In den meisten der angeführten Belege ist der erste mit einem vorhergehenden, der zweite mit dem nachfolgenden Verse gebunden. Den Reim zeigen nur: 96, 158, 160 und 255.

Enjambement weist z. B. 128 auf. 160 besitzt weiblichen Reim: *desvoie voie*,

Die übrigen 3 Sprichwörter zeigen männlichen Reim. 158 weist equivoken Reim auf: *desvoie : voie* und 160 hat derivativen: *promet : met*. 96 zeichnet sich durch leoninischen Reim aus: *encantés : santés*.

Der Verfasser von A. A. XLIX bespricht diese Gruppe auf p. 20. In A. A. XXIII liegen uns zum Vergleiche folgende Beispiele vor: 5 (A. d. B. p. 7 v. 25—27, Gar.

d. M. ms. f. 87a v. 15—16), 10, 46a, 52, 66 (G. v. 8277
bis 79), 70a, 76, 78, 95.

Richten wir jetzt unser Augenmerk auf die andere
Abteilung der Gruppe b) d. h. auf diejenigen, welche, losgelöst vom Texte, nicht *zwei volle Verse* einnehmen. Hieher sind zu rechnen 11, 16, 24, 50, 53, 58, 92, 115, 117, 121, 140, 153, 186, 188, 216, 218, 223, 225, 229—31, 243, 249, 257.

Unter diesen fallen wiederum solche auf, welche mit den vorhergehenden Versen verknüpft sind durch *car* 115, 187, 230 und *que*, abhängig von der einleitenden Formel *j'ay oy pour voir retraire*, in 229. Bei anderen stehen am Anfang des Verses Wendungen wie *on dit que* 216, *car il dit* 58, *qui dit que* 153, *sachez que* 11, *voirement dit on voir* 243. Wie bei Gruppe a), so sind auch hier an den Anfang der ersten Zeile der Titel oder Name der Person vorangestellt, hin und wieder von asserierenden Wendungen begleitet. Als Beispiel mögen folgende Belege dienen: 92: *Dame*, 231: *Seigneurs*, 50: *Joseph sire*, 53: *Mon chier seigneur*, 140: *Ha, monseigneur*, 218: *Monseigneur, on dit c' . .*, 117: *Dame, alons séir*, 187: *car, mon enfant*, 121: *Frére, car le droit dit qu' . .* Bei 115 sehen wir die Verknüpfung durch car mit dem Kontext und ausserdem noch die Einfügung von *se dit on* mitten in den Vers, um den Reim zu erlangen. Einige Sprichwörter, die andere Belege nur als einzeilig aufweisen, erscheinen in den Dramen zweizeilig, indem sie aus dem einen teilweise in den andern Vers übergreifen. Dies ist der Fall bei 24:

   . . . . . . homme propose
Et Diex ordene, ...

Weitere Beispiele sind 58, 218, 243, 257.

In gereimter Fassung überliefern uns die Texte 50, 115, 153, 187, 223 und 229. Den ursprünglichen Reim hat no 223 bewahrt. Um nicht das Versmass zu verletzen hat der Dichter im ersten Verse dem unveränderten Texte: *Qui premier dit*, im zweiten: *Et aussi dit* vorgesetzt. In 187 hat der Dichter den Binnenreim *naistre: estre* als Endreim benutzt, und infolgedessen ist das Sprichwort zweizeilig geworden, das andere Texte nur als eine Zeile einnehmend aufweisen. Bei 115 kann man nicht konstatieren, ob dem Dichter die einzeilige Fassung mit Binnenreim oder

die ebenfalls geläufige zweizeilige Fassung vorgeschwebt hat. Ich möchte mich eher für das letztere entscheiden, wofür der gleiche Ausdruck: *qui ne prent somme* spricht. Die Mehrzahl zeigt weiblichen Reim, männlichen weist nur 50 auf. Gebrochenen Reim besitzt 229: emprendre: prendre. Kadler behandelt diese Rubrik von Sprichwörtern auf p. 19—20.
Bei Ebert stehen uns folgende Belege zum Vergleiche zu Gebote: 1, 5 (Gar. d. M. ms. f. 15 b v. 2—3, Gar. d. M. ms. f. 84 a v. 1—2, Gar. d. M. ms. f. 87 a v. 15—16, B. d. B. v. 5177—78), 6, 7, 17 (Gfr. v. 9239—40), 21 (H. C. v. 3300—02), 24, 26, 44—45, 50—51, 56, 59, 62, 64, 67, 70—71, 80, 88 (Gfr. v. 6023—25), 103 (J. d. B. v. 390—91).

Gruppe c.

Verhältnismässig niedrig stellt sich die Zahl der Sprichwörter, die dieser Klasse zuzuweisen sind.

Auf drei Verse ist der Text der Sprichwörter: 94, 147, 167, 179, 232 verteilt. Bei 179 ist noch zu bemerken, dass v. 871—72 wohl eher als Sentenz anzusehen sind, deren Inhalt durch das folgende Sprichwort bekräftigt werden soll. In 94 und 179 reimen die beiden letzten Verse, in no 147 und 167 die beiden ersten. 232 ist völlig reimlos; die sonst dafür geläufige Form ist zweizeilig mit Reim. cf. A. A. XLIX p. 21, 3 a. A. A. XXIII geben uns folgende Belege: 4, 8, 23, 42, 65, 68. Vierzeilig sind: 164, 206—207.

Sechs Zeilen umfasst 197, welches sich durch die einleitenden Worte als Sprichwort qualifiziert. — Man vergleiche A. A. XLIX p. 21, 3 b, ferner in der Arbeit von Ebert no 81 und 83.

c. Varianten der Sprichwörter unter Berücksichtigung der Reime.

Über dieses Kapitel lässt sich im ganzen nur wenig sagen, da die Zahl der Sprichwörter, welche zweimal oder öfter in den Dramen belegt sind, eine sehr geringe ist.

Wodurch werden, wird man fragen, die Veränderungen der ursprünglichen Überlieferung des Sprichwortes aus dem Volksmunde hervorgerufen? Der Grund liegt einmal in dem sorgfältigen Einhalten des Versmasses durch den Dichter, in der genauen Beobachtung des Reimes, die ja als wichtige Faktoren mitsprechen, andererseits werden wir den Grund auch in den individuellen Neigungen der Dichter zu suchen haben. Auf eine Untersuchung des letzteren Punktes können wir wegen des zu wenig umfangreichen Materials nicht eingehen.

Schon in den Einleitungsworten, welche die Stellen als Sprichwörter charakterisieren, finden sich oft synonyme Ausdrücke nebeneinandergestellt, die grösstenteils des Versmasses wegen eingefügt sind.

So heisst es in:
   243. voirement dit on voir
   169. bien dire et entendre
   197: Avez vous point une parole
        Oye et un dit trop bien,
   167: on raconte et retraict

Betrachten wir nun den Text der Sprichwörter selbst, so zeigen folgende Belege synonyme Wendungen:
   115: Qui ne dort et qui ne prent somme.
   57: Qui . . . se paine et lasse,
   148: (mourir) en paine et en dueil,
   124: (son non) escille et deffait.
   164: qui point et cunchie.

In 179 ist *argent* im nächsten Verse (876) durch das synonyme *finance* ersetzt.

Wenn wir zur Besprechung der Varianten der Sprichwörter übergehen, so dürfte es sich kaum lohnen, hier die Wort- und Sinnvarianten getrennt zu behandeln aus dem oben ausgesprochenen Grunde. Sie erscheinen im Sprichwort häufig nur als Spezialisierung dessen, was in einem andern ganz abstrakt ausgesprochen wird.

Während 114 in einzeiliger Fassung erscheint, nimmt 115 dagegen zwei Zeilen ein. Für *il n'est pas filz d'omme* in 114 setzt der Dichter in 115 nur *il n'est pas homme*, schiebt aber zwischen *pas* und *homme* noch *se dit on* ein und gewinnt so den ersten Vers; neben *qui ne dort* tritt das synonyme *et qui ne prent somme.* Somit ist der Reim mit *homme* hergestellt.

In hohem Grade weicht 162 von 163 ab, vorzüglich in der ersten Hälfte, wo 162 *il ne vaut rien*, 163 dagegen *foy bien ait* schreibt, im zweiten Teil steht für doute:

crient. no 219—20 zeigen weniger Abweichungen von einander, bei 220 ist das Pron. pers. *tu* ausgelassen, wofür der Folgerungssatz ein eingeschobenes *encore* aufweist.

Es bleiben nur noch 204—206 zu betrachten übrig. Zu 204 und 205 ist wenig zu bemerken, während in 204 der bestimmte Artikel bei *ami* steht, setzt 205 das Pronomen possessivum *son*. Grössere Verschiedenheit zeigt schon 206, das zur näheren Begründung des Ausgesagten zwei volle Zeilen noch hinzufügt:

Quar li ami bon et certain
Aident de ce qu'il pueent faire.

Ausserdem ist *voit on* durch *puet-on essaier* ersetzt. Natürlich ist durch die Sinnvariante gleichzeitig die Wortstellung eine andere geworden, während in 204 und 205 dieselbe ungeschädigt durch die Wortvariante geblieben ist. Unwesentlich sind die Veränderungen, welche 89—90 zeigen. Während 89 nämlich das verallgemeinernde *quanque* hat, weist 90 *ce que* auf.

Ganz gleiche Fassung zeigt 261[a-c] in allen drei Texten.

d. Alliteration, Annomination, Antithesis und Polyptoton.

α. Alliteration.

Es muss hervorgehoben werden, dass von einer prinzipiellen Verwendung der Alliteration schon deshalb nicht die Rede sein kann, weil sich in einer grossen Zahl von Sprichwörtern keine Spur derselben konstatieren lässt, und weil sie in vielen andern sich wohl nur zufällig eingestellt hat, indem der Dichter den Text änderte oder irgend ein Wort einschob, um die Silbenzahl des Verses einzuhalten. Ein gewisses Gefühl für die Alliteration darf man indessen den Franzosen nicht absprechen.

Die Frage, wie weit die Alliteration ursprünglich ist bei unserem Material, liesse sich vielleicht entscheiden, wenn unsere Texte mehr Parallelstellen mit Varianten an die Hand gäben. Kadler konnte in seiner Abhandlung deshalb eher von dem Gesichtspunkte ausgehen, zwischen ursprünglicher d. h. volkstümlicher und künstlich vom Dichter hervorgerufener Alliteration zu scheiden.

Wir hielten es daher für geraten schlechthin den systematischen Weg einzuschlagen und einen Überblick der vorkommenden Alliterationsfälle nach den einzelnen Lautgruppen zu geben.

Ganz unberücksichtigt hat Kadler die vokalische Alliteration gelassen, wofür allerdings, wie die spärlichen Beispiele zeigen, der Romane kein rechtes Ohr mehr hat. Ebert erwähnt sie A. A. XXIII p. 39 bei no 96 *(avenra — avenir)*. Wo ursprüngliche Alliteration stattfindet, ist dies in Klammern bemerkt.

αα. Vokalische.

avient - avenir 89—90 (cf. A. A. XXIII no 96); avoirs - aler 124; annuie a (= habet) - attent 228; ordoiez - ordure 171 (cf. Annomination).

Wir wollen hier folgende Fälle aus der Materialsammlung Kadlers anreihen:

art - anflame 233; acroist - amonte 851; abaissier - avoir 528; avoirs-afole 644; engingnier - enboivre 274; orguel - oste - orguel 195.

ββ. Konsonantische.

Wir unterscheiden also folgende Gruppen:
Von Labialen alliterieren:

1. pert - pos 179 (ursprünglich), prendre - patience 200 (ursprünglich), peut - parfiner 230, peut - periz 50, peut perir 53, pou parler 198;
2. biauté - bonté 109 (ursprünglich), bien besoignier 198; bonne-bon 188 - 89; bien wird wiederholt in 201, 226.
3. [folie] faire - fol - fie 153 (ursprünglich). cf. Kadler p, 26 no 550, fait - femme 186 (urprünglich), frére - frére - fermée 210, finance - faillye 179, fait mit fait in 91.
4. marrastre - mere 80 (ursprünglich), mainte - mise 240, maux-mains 231 (ursprünglich), male - maintenir 256, mal wird wiederholt 257.

Von Dentalen alliterieren:

1. tout temps in 222, tel wird wiederholt 184, tant wird wiederholt 221.
2. doit dire 249, le droit dit 121.
3. siet - seche 223 (ursprünglich).
4. raconte - retraict 167.

Von Palatalen alliterieren:

1. cuer - cors 201 (ursprünglich), cuer courrociez 249.
2. grant gaaing 92, grant wird wiederholt 96.

β. Annomination.

Unter Annomination versteht man die Verbindung eines

Wortes mit einem andern von gleicher Wurzel oder von gleichem Stamme gebildet.† Die Zahl der Belege ist sehr gering. Man kann folgende Fälle unterscheiden:

1. **Zwei Substantiva** werden im Satzgefüge zu einander in Beziehung gesetzt.

juges und jugement 147, folie uud le fol 153, amour und amye 179, espoux und espouse 197, ordoiez (substantiviert) doit aler en ordure 171.

2. **Ein Substantiv mit einem Verbum:**

desvoie (Praes.) — bonne voie 160.

2. **Zwei Verba** von demselben Stamme treten in Beziehung:

promet - met 158, emprendre - prendre 229.

γ. Antithesis.

Die Antithesis ist vielfach in den Sprichwörtern vorhanden, um der Darstellung mehr Klarheit und Nachdruck zu verleihen. Es wird nicht unangebracht sein, der bessern Übersicht wegen, zu unterscheiden zwischen Antithesen, in welchen vier Satzglieder gegenüberstehen, und solchen, in denen zwei gegenübergestellt sind. Bei letzteren ist zu bemerken, dass man oft von Antithesen in des Wortes eigentlichster Bedeutung nicht sprechen kann, sondern mehr von antithetischen Wendungen, angewandt, um vielleicht dadurch die Lebhaftigkeit des Ausdrucks zu erhöhen.

1. Antithesen, wo vier Satzglieder gegenüberstehen.

153. Le sage *craint folie*
    A faire, et le fol trop *s'i fie.*
    cf. Ebert no 107: sot - sage;
201. grant *cuer* en *cors* petit.

Es ist zu bemerken, dass bei 201 die Wortstellung des Chiasmus Anwendung gefunden hat.

209. deux ou trois *frères* . . . . cinc ou six *estranges.*
223. qui va si *leche*
    qui siet si *seche.*

---

†) **Wackernagel:** a. a. O. p. 391.
Brinker: Poetik der Römerdramen Shakespeares. Dissertation-Münster.
F. **Leiffholdt:** Etymologische Figuren im Romanischen. Erlangen 1884.

232. .... a cheval
Viennent, mais a pié
S'en vont.
94. Quant plus hault
Est li homs montez qu'il ne doit,
De plus hault chiet qu'il ne vouldroit.

Ferner kann man wohl hierher ziehen dem Sinne nach 167 v. 450—51:
qui de bons est souef flaire,
Le mauvais ne prise une quille.

2. Antithesen, wo zwei Satzglieder gegenüberstehen.

a. Zwei Substantiva.

16: .... se aucun bien vient a lomme
Tout vient de dieu.
cf. Ebert. Spr. 18: homme ... dieu
24. ....'homme propose
Et Diex ordene ....
80: marrastre et mere.
95: Souvent honneur amaine a honte.
92: il eschiet souvent grans pertes
Ou l'en cuide grant gaaing avoir.
96: Après grant maladie ensieut bien grans santés.
97: Après les maux viennent les biens.
240: mainte guerre en est mise à pais.

b. Ein Substantiv und ein Verb.

230: qui n'a bon conmencement
Il ne peut a droit parfiner.
cf. Kadler p. 27 no 437.

c. Zwei Verba.

121: Autant rendre conme on a pris.
164. Tels dit: „Je vous aim,"
Qui point et cunchie derriere.
179: L'amour si vault quant argent dure
Mais, quant finance est faillye, ...
124: Avoirs puet aler et venir. cf. Ebert no 102; Kadler no 210, 642.
123: Pou parler et bien besoignier.

δ. Polyptoton.

Polyptoton † ist die Bezeichnung für die Klangfigur, bei welcher dasselbe Wort zweimal oder häufiger erscheint, immer in anderer Flexionsform d. h. je nachdem es Sub-

---

Wackernagel: a. a. O. p. 428;
Brinker: a. a. O.

stantivum, Verbum oder Adjektivum ist, in anderer Deklinations-, Conjugations-, Comparationsform.

Der besseren Übersicht wegen möge folgende Einteilung dabei massgebend sein:

a. Polyptota mit zwei Substantiven in verschiedenen Casusformen:

169: Qui le larron torne de pendre
    Ja li lerres ne l'amera.
210: Frére qui est aidié de frére est conme une cité bien fermée.
255: Qui de glaive ferra autruy,
    A glaive ira le corps de lui.

b. Polyptota, wo zwei Adjektiva in verschiedenen Flexionsformen vorkommen.

187—88: . . . . . . naistre De bonne heure que de bons estre.
96: après grant maladie ensieut bien grans santés.
184: a tel pot tel cuillier.
92: il eschiet souvent grans pertes
    Ou l'en cuide grant gaaing avoir.
256: Bien doit avoir mal paiement
    Qui male œuvre veut maintenir.

c. Polyptoton, wo zwei Comparative in verschiedener Rektion stehen.

94:     Quant plus hault
    Est li homs montez . . . .
    De plus haut chiet . . . .

d. Polyptota, wo Verben in verschiedenen Conjugationsformen gebraucht werden:

89 u. 90: Tout avient quanqu' avenir doit.
167:     . . . . . retraict
    Ou'a bon fait bon avoir a faire.
159: Tous jours sont li connart batit,
    Jà n'ierent liet s'on ne les bat.
219—20: Se tu as bien fait, fay miex.

e. Bilder und Vergleiche der Sprichwörter.

Zur Veranschaulichung der Lehren, welche die Sprichwörter enthalten, bedienen sie sich oft der bildlichen Darstellung zur Einkleidung der Wahrheiten. Mannigfach sind die Quellen, aus welchen der Bilderreichtum geschöpft ist. Selbstverständlich ist es nicht zufällig, woher das Volk die Gleichnisse nimmt, sondern wir haben dabei an Ideenassoziationen zu denken. Der Gebrauch und die Entlehnung der Bilder zeigt uns, woran jedes Volk und jede Zeit Freud' und Leid' haben. In der Natur der Sache liegt es, dass vorzugsweise auf das Leben der Menschen in seinen verschiedenen Beziehungen und Verhältnissen, seinen Ständen und Beschäftigungen die grösste Zahl der Bilder rekurrieren.

1. Bilder und Vergleiche, die dem Gebiete der Natur entlehnt sind.

a. Vom Tierreiche.

In 176 wird das Tier als das Vorbild der Liebe, die es gegen seine Gattung hegt, dem Menschen hingestellt, um daran darzuthun, dass auch der Mensch gegen seine Mitmenschen Liebe haben soll.

Gern werden die Tiere, welche sich in der nächsten Nähe des Menschen aufhalten, zur Veranschaulichung herangezogen.

Das Schreien des Esels in 164 soll das Geschrei der Betrüger näher charakterisieren. In 168 wird auf eine schöne Katze Bezug genommen und dabei hervorgehoben, dass sie trotz der Schönheit doch immer nur Milch säuft. Der Bediente wendet das Bild an, um zu zeigen, dass ein Dieb sich kaum der Besserung befleissigen wird, gerade wie eine Katze schwerlich von ihren alten Gewohnheiten ablässt. Man vergleiche A. A. XXIII Spr. 30 (p. 39); XLIX Spr. no 310, 458. In 232 soll die Schnelligkeit des Pferdes das plötzliche Hereinbrechen der Übel und des Unglücks versinnbildlichen. Kadler: Spr. 413, 437; aus Ebert konnte kein Beispiel beigebracht werden.

b. Vom Pflanzenreiche.

Derjenige, welcher zu den Guten gehört, wird mit dem lieblichen Duft einer Blume verglichen in 178. Bei Kadler liegt dasselbe Bild vor in Spr. 1.

2. Bilder und Vergleiche, deren Inhalt aus dem Leben, dem Kriegs- und dem bürgerlichen Leben entnommen ist.

a. Dem Kriegsleben.

In 74 wird das irdische Leben des Menschen mit allen seinen Sorgen und Leiden den Strapazen eines Feldzuges gleichgestellt. Eine gut befestigte Stadt, die allen Bestürmungen der Feinde Trotz bieten kann, gilt als Vergleich für die kräftige, gegenseitige Unterstützung von Brüdern in 210. Hierzu vergleiche man A. A. XLIX Spr. 75. Das Schwert wird in 255 als Bild für die Bestrafung des Bösen und die Widervergeltung verwerflicher Handlungen gebraucht.

b. Der Inhalt bezieht sich auf Personen oder Gegenstände oder Vorgänge des bürgerlichen Lebens.

α. Auf Personen.

In 80 wird der Wankelmut der Glücksgöttin verglichen mit der verschiedenartigen Gesinnung einer leiblichen Mutter und einer Stiefmutter ihren Kindern gegenüber.

Die Ehefrau dient in 186 als das Bild des vertrauten Umgangs. Der Vergleich des aufrichtigen, innigen Verhältnisses zwischen den Ehegatten, die sich nichts gegenseitig verhehlen, soll die Offenheit und Aufrichtigkeit zwischen vertrauten Freunden versinnbildlichen in 197.

β. Auf Gegenstände.

Von Gerätschaften dient zum Gegenstande eines Bildes: der Topf in 178 und 184. Man vergleiche hierzu A. A. XXIII Spr. 39, XLIX 617; die Scherben eines Topfes 178; der Löffel 184; der Kegel wird angewandt als Wertbezeichnung in 167.

Der Wert einer Sache wird versinnbildlicht mit Bezugnahme auf Geld und Geldeswert. cf. A. A. XXIII Spr. 46, 50, 87, XLIX Spr. 412. Ein Tag des Aufschubs wird gleich 100 Mark gesetzt in 240; das Geld wird in 179 als Gradmesser der Freundschaft und Liebe hingestellt; in 256 versinnbildlicht die schlechte Bezahlung die Bestrafung einer verwerflichen That.

Die Kutte eines Mönches wird als das Trugbild des äusseren Scheines in 243 angewandt; das Fasten wird identifiziert mit dem zu geringen Zusichnehmen von Speisen in 117. Auf den Galgen nimmt Bezug 169. cf. Ebert p. 39 zu Spr. 26 u. 76; auf den Schmutz als die Sphäre des Menschen von niedrigem Charakter hat Bezug 171·

der gute Weg soll den rechten Wandel des Menschen in 160 versinnbildlichen.

γ. Auf Vorgänge.

Den jähen, unberechenbaren Schicksalswechsel bezeichnet das Bild des Verlustes und Gewinnes in 92; des Steigens und Fallens in 94; des Schwebens und Stürzens in 93; der Krankheit und Gesundheit in 96. Das Gehen und Kommen drückt die Unbeständigkeit des Besitzes in 124 aus. Man vergleiche Ebert: Spr. 102, Kadler: Spr. 642. In 223 dient zum Gegenstande des Bildes das Lecken und das Vertrocknen, um mit ersterem den thätigen, strebsamen und rührigen und mit letzterem den nachlässigen, faulen Menschen zu bezeichnen. Das Zufussgehen versinnbildlicht das langsame, mühselige Ausrotten der fest eingewurzelten Übel in 232. Auf die physische Arbeit nimmt Bezug 3. Dasselbe Bild begegnet uns in Kadlers Sammlung: 130.

Zum Schlusse dieses Kapitels möchten wir noch darauf hinweisen, dass es eine Gruppe von Sprichwörtern giebt, die man vielleicht als allegorische bezeichnen könnte, da dieselben Personifikationen von abstrakten Begriffen aufweisen. Hierher wären demnach zu rechnen z. B. 50, wo das Gottvertrauen, 88, wo der Zufall personifiziert werden. Ferner sind als lebende Wesen gedacht die Fortuna in no 80, das Gemüt der Frau in 138, der Zorn in 249, das Gute und Böse in 97, das Gute in 224, das Böse in 232, der Besitz des Menschen in 124, Krankheit und Gesundheit in 96. Man vergleiche zu dieser Rubrik: A. A. XXIII p. 40 (oben).

3. Verwendung der Sprichwörter.

a. Häufigkeit.

Die grössere Zahl unserer Texte enthält Sprichwörter. Nur folgende 11 Dramen bieten keine Belege:

Be., Cl., Eves., Guil., M. et J., Ot., R. M., R. S., S. A., S. Pan., V.

So verschieden die Zahl der Sprichwörter in den einzelnen Dramen ist, so abweichend von einander sind auch die Ziffern, aus welchen die relative Häufigkeit der Sprichwörter zu ersehen ist. Dazu trägt auch der Umstand viel bei, dass die einzelnen Dramen oft einen recht von einander abweichenden Umfang haben, da einige nur in Bruchstücken erhalten sind.

Die meisten Sprichwörter enthält Chev. = 10, dann folgen P. d. Br. mit 9, F. d. P. mit 8, Ni. mit 7 und J. Ad. mit 6. Dann geht gleich die Zahl auf 3 herab; die meisten Texte — dies sind 27 Dramen — enthalten nur 1 oder 2 Sprichwörter. Darunter befinden sich 18 Dramen mit einem Sprichwort. In S. Va. fliessen die drei vorhandenen Sprichwörter dem Text der Predigt unter. Im P. de Br. kommen auf je 31 v.† ein Sprichwort, im Chev. auf je 140 v. ein einziges. Es ist hier bei der Zählung von den Sirventes abgesehen worden, die einmal keine Sprichwörter enthalten und dann auch ihre Verse für sich zählen. Die Zahl der Sprichwörter, welche unsere Dramen an mehreren Stellen aufweisen, ist verschwindend klein im Verhältnis zu denen, welche nur an einer Stelle vorkommen.

Dreimal kommen vor no 261 a-c in F. d. P., Non., Ma. d. G., ferner no 204-206 in Rob. le D., Ni., P. d. Br.; zweimal finden sich 89—90 in A. G. und F. d. P., 162 und 163 in The. und J. Ad., 219—20 in Emp. J. und Par. Esc., 114 und 115 in Ev. und S. J. le P. —

b. Stellung in der Technik des Dramas und spezielle Anwendung.

Die Stellung des Sprichworts in der Technik des Dramas ist eine vielseitige. In den in Prosa abgefassten Predigten sind eingeflochten 74, 103, 176, 209 und 210; in den Rondels, jenen Liedern in den Mirakles, welche von den Engeln auf den Wegen, die Gott oder Nostre Dame zurücklegen, gesungen werden, findet sich nur 222 eingestreut. Keine Sprichwörter enthalten die am Schlusse der Miracles de Nostre Dame angefügten Sirventes.

Im Monologe steht z. B. 158, 171. Nur in einem Falle dient ein Sprichwort als Einleitung ins Drama, mit Hülfe

---

†) Diese Zahlen machen durchaus nicht Anspruch auf mathematische Genauigkeit.

dessen der Verfasser sofort einen Überblick über die ganze Situation giebt; es ist 216. Andererseits schliesst 257 das Drama und nur einige Zeilen vom Schlusse steht 160. Mit 257 wird gleichsam ein Urteil über das Geschehene abgegeben und es fasst verallgemeinernd noch einmal das im Drama behandelte Sujet zusammen.

Die vorwiegende Zahl finden wir in der Wechselrede und darin können wir bezüglich der Anwendung eine mannigfache Verschiedenheit wahrnehmen. Entweder füllt ein Sprichwort eine ganze Rede aus oder nimmt dieselbe nur zum Teil ein, was am häufigsten der Fall ist. Die ganze Rede nehmen ein 79, 148, 157, 234.

Zuweilen beginnt ein Sprichwort die Rede. Dies ist der Fall bei 3, 24, 50, 53, 57, 89—92, 118, 140, 163, 168, 185—86, 198, 204, 218, 226, 231—32, 249, 261 [a-c].

Am Schlusse der Rede, um gleichsam einen gewissen Schlusseffekt zu erzielen, oder um über das vorhergehende moralisierende Reflexionen anzustellen, finden wir folgende Sprichwörter stehend 11, 56, 97, 114, 117, 120, 128, 147, 153, 159, 187, 200, 240.

Der grössere Teil ist in die Rede selbst eingeflochten. Dies ist der Fall bei folgenden Belegen: 1, 16, 58, 72, 88, 93—96, 108—109, 115, 121, 124, 132, 138, 158, 162, 165, 167, 184, 188, 197, 201, 205, 207—208, 219—25, 228—30, 235, 243, 255, 261 c. (bald am Anfang), 80 (fast am Schlusse).

Ferner bilden 169 und 256 einen Gedankenabschluss in der Rede, 171 leitet einen neuen Gedanken in dieselbe ein; 164 und 206 reihen sich in der Rede an einander an und bilden dem Inhalte nach eine Antithese. Bei den Sprichwörtern, welche in die Rede eingeflochten sind, kann man noch wahrnehmen, dass der grössere Teil von einem der auf Seite 39—42 besprochenen kritischen Merkmalen begleitet ist.

In einigen Fällen ist das Sprichwort von einer Sentenz begleitet, deren Inhalt dadurch verallgemeinert wird und allgemeine Gültigkeit erhält. Bald steht das Sprichwort voran, bald nach derselben. Den ersteren Fall können wir bei 163 konstatieren, den letzteren bei 95, 132,

153, 257. Kadler erwähnt auf p. 31 bei no 466 eine ähnliche Erscheinung. Ob ein Beispiel dafür in den Volksepen belegt werden kann, sind wir nicht im Stande zu entscheiden, da Ebert in seiner Arbeit die Sentenz unberücksichtigt gelassen hat. —

Was die spezielle Anwendung betrifft, so leuchtet es ein, dass die Sprichwörter der Dramen, die den handelnden Personen in den Mund gelegt sind, nur objektiver Natur sein können. Grade hierin liegt ein bedeutender Unterschied zwischen den Sprichwörtern der Dramen und denen der Karlsepen einerseits und der Artusromane andererseits, die sowohl subjektiver als auch objektiver Natur sein können. Die subjektiven Sprichwörter sind die, welche wir in der Schilderung als Bemerkungen der Autoren vorfinden. Diese Rubrik fällt bei uns ganz weg. Ebert behandelt diese Gruppe in A. A. XXIII p. 44—47 (oben) und Kadler widmet ihr seine Aufmerksamkeit auf p. 33—35 seiner Abhandlung. Die Verwendung der Sprichwörter in den Dramen ist von der mannigfachsten Art.

Bald dient das Sprichwort zur Motivierung, zur Unterstützung, bald zur Gewährung oder Abweisung einer Bitte. cf. Kadler p. 37 no 106 u. s. w.; Ebert: p. 47 no 16. Mit 240 motiviert ein Verurteilter sein Gesuch um Gewährung einer Galgenfrist; der Kardinal unterstützt die Bitte des Königs seine leibliche Tochter heiraten zu dürfen, da dieselbe einzig dem Inhalte des Gelübdes und seiner hohen Stellung entspreche, und schliesst sein Argument mit 184; die Bitte um die Einwilligung in die Ehe mit der Königstochter unter Hinweisung auf die Verdienste um den Herrscher begleitet 204; 230 schliesst die Bitte um Angabe des rechten Lebensweges ab; bei der Abweisung eines Gesuchs wird zitiert 91. Wohin man sich in der Not mit seiner Bitte um Hülfe zu wenden hat, zeigt 1; als an die letzte Instanz wendet sich in der Not der Delinquent an den heiligen Nikolas mit der Bitte um Hülfe in 205.

Oft dienen die Sprichwörter als Stütze für die Aufforderung oder Ermunterung, ferner als Ermahnungen zum Vertrauen und zur Hoffnung auf Gottes und der Heiligen Beistand. Für das erstere vergleiche man A. A. XLIX p. 36—37. Spr. 106 g und Spr. 330, 342 zum letzteren.

Die Aufforderung, einen Befehl zu vollführen, leitet 221 ein; 219—20 fliessen als Ermahnungen, die gute That auch fernerhin als Leitstern zu wählen, der Rede unter; einem am Unglück verzagenden Manne ruft die Gattin 200 zu; als Aufmunterung zur Ausführung eines unmöglich erscheinenden Planes findet sich 24; dass der auf Gott vertrauende und für ihn und seine Heiligen duldende Mensch am besten fährt, melden 53 und 56; die Hoffnung auf Gottes Errettung aus Todesgefahr lassen die Königin Osanne 231 ausrufen; 50 dient als Stütze für ein festes Vertrauen auf Gott und seine Hülfe; Bekräftigung findet ergebene Hingabe zu Gott, die reichlich von ihm belohnt wird, durch 222; Reue über ein dem Teufel verfallenes Leben spricht 171 aus.

Freude über den schnellen Eintritt eines ersehnten Faktums drückt 3 aus; den auf einen Glücksfall harrenden Spieler hält der Pipeur 88 entgegen. Die Liebe eines Fürsten, die sich zur Tochter eines Bürgers herablässt, motiviert 90; die heisse Liebe der Königstochter weist Amille unter Aussprechung von 92 zurück; das mitfühlende Herz der Gattin zu ihrem Ehegemahl veranlasst sie 197 zu zitieren; Mitgefühl bei dem besorgniserregenden Zustande des Kranken bestimmt die Nonne 232 auszusprechen; Mitleid mit einem verurteilten Weibe, von deren Unschuld man überzeugt ist, begründet 261 c. Milde und Herablassung eines Königs zu seinen Unterthanen bekräftigt 218; als Stütze des Trostes über mangelhafte Erfolge in der Ehe dient 178.

Die kluge Handlungsweise des Arcedyacre schliesst 128 ab; als Bekräftigung der Meinung des Mitrichters, nach bestem Wissen und Können ein gerechtes Urteil fällen zu wollen, fügt Zenophile 147 hinzu; zur Billigung des Mordes an einem Heiden als eine gute und Gott wohlgefällige That dient 225; den Entschluss der Pilger, die mühselige und gefahrvolle Reise nach dem heiligen Grabe zu unternehmen, billigen die Worte von 57; mit 207 motiviert der Chevalier seine Absicht, sich rührig in der Welt im Erwerben von Ansehen und Achtung bei seinen Mitmenschen zu zeigen; 223 enthält die Reflektionen von drei Bettlern, die einen guten Fang gethan haben.

Die Undankbarkeit eines unedlen Charakters für erwiesene Wohlthaten dem Spender gegenüber bewahrheitet

169; die Nichterfüllung von Versprechungen beklagt 158; dass der Verlass auf die Glücksgöttin sehr gering ist, bezeugt 93; 168 drückt den Zweifel an dem Entschluss das frühere, verbrecherische Leben aufzugeben aus; 163 sind die Worte eines die Rache der Ehefrau fürchtenden Gatten; 94 dient als Mittel um die Gefahren, welche mit einer hohen Stellung verbunden sind, klar vor Augen zu führen.

Im Zwiegespräch über Vermögensverhältnisse zitiert Maistre Henris 118; anlässlich eines erregten Wortwechsels spricht eine Frau zu ihrem Gatten 249; an eine Brotneidsscene zwischen zwei Ausrufern, knüpfen sich die Worte von 159; der Groll gegen die Glücksgöttin wegen Unzuverlässigkeit und gleissnerischen Wesens lässt Pierre in die Worte von 164 ausbrechen; durch eigene Schuld zugezogenes Unglück und Strafe bekräftigt 256; den Schluss eines Urteils, gefällt über einen, welcher sein Unglück selbst verschuldet hat, bildet 257; darüber, dass dem gestohlenen Gute der Makel der elenden That anhaftet, reflektiert 124; unerlaubte, ja geradezu schändliche Handlungsweisen decken auf 186 und 208; 255 bekräftigt das Urteil, dass der Mord eine arge Todsünde ist und harte Strafe findet.

Oft dienen auch die Sprichwörter dazu einen gegen eine Person verallgemeinerten Vorwurf oder Tadel, eine Rüge oder Klage zu bekräftigen. Die Kargheit, den Geiz eines Vaters geisseln 120 und 235; Untreue und Verrat seinem Herrn gegenüber tadelt 165; 117 rügt das Zögern sich zu Tische zu begeben; dem immer wieder leichtfertig dem Spiel Vertrauenden hält die Rittersfrau 157 tadelnd vor; dem im Spiel Verschwenderischen kommt 234 als Rüge zu; mit den Worten von 243 wird eine Handlung, die dem Kloster zur Schmach gereicht, gegeisselt; die überhebende Anmassung eines Lebemanns tadelt 148; eine Klage über das zu lange Wartenlassen von Seiten der Geliebten leitet 261[b] ein; bittere Klagen über die Unzuverlässigkeit der Fortuna veranlassen Pierre zum Ausspruch von 206; 201 wird von einem Ritter zitiert, der sich in seinem ritterlichen Wert zurückgesetzt fühlt. Als gerechter Massstab für Strafe gelten die Worte von 121; den Untergang der Welt begründet 72.

Weiter sehen wir, dass Sprichwörter häufig als Stütze der Entschuldigung, der Rechtfertigung und Ausrede, ferner zur Bekräftigung des Hinwegsetzens über schlimme Thaten u. s. w. angewendet werden.

Die Müdigkeit des Jehan Paulu entschuldigt 115; von gleichem Charakter ist 114, indem nämlich einen alten Diener der Schlaf übermannt hat; die durch eine mühselige Wanderschaft wund gelaufenen Füsse werden mit 109 zu entschuldigen gesucht; um eingegangenen Verpflichtungen dem Geliebten gegenüber nachzukommen dient als Rechtfertigung für das heimliche Verlassen des Klosters 228; als Einleitung zur Abwehr einer ungerechten Anklage über das Leid, das sich jedoch der Kläger selbst zugezogen, zitiert Fortuna 226; mit 229 hilft sich ein durch die Situation zum Laster getriebenes Weib aus dem Dilemma, ob sie selbst untergehen oder weiter auf dem Pfade des Bösen wandeln soll; an einen über das Gezänk seiner Gattin erregten Ehemann ergehen die Worte von 140; 97 dient dazu, sich über die Gewissensbisse, welche eine Schandthat verursachen, für den Augenblick hinwegzusetzen; das Bedenken, dass die von dem Teufel überkommene Macht zwecklos sei, sucht Theophilus mit 162 aus seinem Kopfe zu entfernen.

Die Tendenz, gute Bestrebungen zu fördern, führt zu den Worten von 160; 216 äussert ein an einem wenig glücklichen Frfolge halb verzweifelnder, aber wacker weiter strebender Mensch; den Gewinn von grossen Geldsummen weiss eine Rittersfrau zu würdigen mit 11; 89 bekämpft den Wunderglauben und betont, dass alles auf natürlichem Wege zugehe. Bei Betrachtung über die Veränderung der Lebensverhältnisse wird 96 angewandt; die Einwilligung eines zaghaften Mädchens von bürgerlicher Herkunft in die Ehe mit einem König leitet 261a ein; bescheiden wird der Dank für Seelsorge mit 224 zurückgewiesen. Dass ein armer Herr für den Bedienten ein schlechter Zahler ist, weiss auch der Diener und spricht es in 179 aus; der Konflikt zwischen Pflicht und Mitleid und das Aufsteigen von Zweifeln an der Schuld der Verurteilten veranlassen Anthenor zum Aussprechen von 138; die Gültigkeit der Aussage betreffs des rechten, Gott wohlgefälligen Lebenswandels sucht man zu stützen durch Citation des Salomonischen

Spruches in 153; auf die Frage eines unerfahrenen Knabens dient zur Belehrung die Antwort in 79.

4. Träger der Sprichwörter.

Die Sprichwörter der altfranzösischen Dramen sind handelnden Personen in den Mund gelegt, welche im Leben die verschiedenartigste Stellung inne haben. Da ein grosser Teil der Dramen, aus denen das Material gewonnen ist, dem Zwecke dient, die Kirche und ihre Heiligen zu verherrlichen, so darf es nicht Wunder nehmen, dass in ihrer Rede Sprichwörter anwenden selbst Gott, die heilige Jungfrau u. s. w., welche vermöge ihrer Macht in dem Augenblicke, wo der Held oder die Heldin des Dramas in der grössten Gefahr oder Not sich befindet, plötzlich persönlich mit in die Handlung eingreifen gleich dem Deus ex machina in der griechischen Schicksalstragödie und der Handlung eine andere Wendung geben. Vergleichen wir noch dieses Kapitel mit den entsprechenden Abschnitten in A. A. XXIII p. 48—49 und XLIX p. 39—41, so finden wir doch einzelne Unterschiede.

Es ist klar, dass sowohl in den Karlsepen, als auch in den Artusromanen einerseits die biblischen Personen und Heiligen und andrerseits die Personen, welche eine geistliche Stellung inne haben, als Träger der Sprichwörter ausgeschlossen sind.

Ferner fällt der Umstand in die Augen, dass wir im Volks- und Kunstepos die Sprichwörter fast nur in den Reden von Personen der höheren Kreise ausser wenigen Beispielen in den Artusromanen, wo auch Personen der niederen Stände — Kadler p. 41 — Sprichwörter in den Mund gelegt sind, antreffen, während in unseren Dramen die Träger allen Klassen der Gesellschaft angehören. Ein weiterer Vergleich liefert noch folgendes interessante Resultat. Sowohl im Drama als auch in den Kunstepen ist die Zahl der Sprichwörter, welche Frauen in ihre Reden einflechten, eine verhältnismässig höhere als in den Karlsepen. Ferner können wir hervorheben, dass wir in unseren Texten Frauen aus allen Ständen vertreten finden, während es in den Artusromanen vorzugsweise Damen des Hofes sind. Zum Schlusse unseres kurzen Vergleiches verdient noch ein weiterer Unterschied erwähnt zu werden, welcher aber von weniger Bedeutung als die oben beleuchteten ist, darin bestehend, dass im Gegensatz zu den beiden Gattungen des Epos der Autor des Bruchstücks „De Pierre de la Broche" auch allegorischen Figuren Sprichwörter in ihre Rede mit einfliessen lässt und zwar in ziemlich grosser Zahl.

Der bessern Übersicht wegen möge folgende Gruppierung dienen:

1. Männliche Personen sind die Träger und zwar:

a. Heilige, biblische und historische Personen.

Dieu 255; Jesus 58; Michiel 222; li Angeles 56; Saint Basille 225; Saint Jehan le Paulu 115; Nabugodonosor 72.

b. Personen, welche eine Stellung auf kirchlichem Gebiete einnehmen.

Le saint pere 185; Théophile 162 und 171; Cardinal 121 und 184; Evesque 94 und 114; Arcedyacre no 128; Second Clerc 89, 153; Li second Clerc Zenophile 147; Abbé 243; Prescheur 74, 103, 176, 209 und 210.

c. Personen, welche höheren Gesellschaftskreisen angehören:

Roy in 3 und 90; Frére à l'Emperiére 158; Marquis 16, 132, 221; premier baron 198; Seneschal 204; Anthenor 138; Amis 216; Amile 92 und 117; Chevalier in 79, 201, 207, 218, 261 b-c; Pierre de la Broche in 80, 164 und 206.

d. Vertreter des bürgerlichen Standes:

Fisisciens 235; Bourgoys 91; Preudom 1, 205 und 240; Voisin 186; Compére 57 und 208; Oncle 167; Adans (de la Halle) 96 und 178; Maistre Henris 118; Guillos li Petis 120 und 163; Hermite 164 und 224.

e. Vertreter der niederen Klassen:

Povre 223; Raoulès, criere 159; Amaury (Bedienter) 140 und 179; varlet du larron 168; Pipeur (Betrüger) 88; Pincedés, joueur et voleur 124.

2. Weibliche Personen sind die Träger und zwar:

a. Biblische Personen:

Nostre Dame 50, 219-20.

b. Eine geistliche Stellung nehmen ein:

Zweite Nonne 228; Beguine (= religieuse) 232.

c. Den höheren Gesellschaftskreisen gehören an:

Royne 188, 229, Osanne, Frau des Roy Thierry, 231; eine Königstochter 97; Rittersfrau in 11, 53, 148, 157, 200, 234.

d. Dem Bürgerstande angehörend:

Die Tochter eines Kastellans 261a; Bürgersfrauen 187 und 249; Ostesse 95.

3. Als allegorische Figuren treten redend abstrakte Begriffe im Drama auf:

Reson 257;
Fortune 93, 165, 169, 226, 256.

Aus der obigen Zusammenstellung ersehen wir im grossen und ganzen, dass der überwiegende Teil der Sprichwörter männlichen Personen in den Mund gelegt ist. Es würde von grossem Interesse sein zu prüfen, ob den Personen der einzelnen Gesellschaftskreise, speziell der niederen, für ihre Klasse besonders charakteristische Sprichwörter in den Mund gelegt sind, doch muss wegen des geringen Materials davon abgesehen werden.

Wortverzeichnis der Sprichwörter.

Abandonne 53.
abbit 243.
accusé 207.
acquiert 57, 222.
aident 206.
aidié 210.
aim, aime 164, 58.
aler 124, 171.
amaine 95.
amande 218.
amera 169.
ami 204-06.
amye 179.
amour 179.
annuie 228.
argent 179.
atent 228.
autrui 160, 255.
avarice 235.
avenir 89-90.
avient 89-90.
avoirs 124.
aydera 207.

Bataille 209.
bat 159.
batit 159.
besoing 204-06.
besoignier 198.
beste 176.
biauté 109.
bien 16, 97, 198, 224, 226.
boire 168.
bon 167, 188.
bonté 109.
brere 164.

Chascun, chascuns 96, 185, 221.
chastel 128.

chat 168.
cheoir 93.
cheval 232.
chevalerie 74.
chiet 94.
chose 72, 140, 216, 261a-c.
cinc 209.
cité 210.
claime 235.
compte 179.
conmencement 230.
connart 159.
corps, cors 128, 201, 255.
courrociez 249.
craint 153.
crient 163.
croit 157.
cueillier 184.
cuer 50, 103, 138, 197, 201, 249.
cuide 92.
cunchie 164.

Deffait 124.
demonstre 88.
descuevre 197.
desire 185.
despendre 148.
despendu 179.
desvoie 160.
deux 208-209.
devoir 221.
dieu, diex 1, 3, 11, 16, 24, 50, 53, 56-57.
die 140.
dire 249.
donner 158, 234.
dort 114-15.
doute 162.
droit 121.

dueil 148.
dure 122, 179.

Emporte 118.
emprendre 229.
encantés 96.
enfant 132.
entent 147.
entrez 160.
eschiet 92.
escille 124.
eslire 231.
esleescent 103.
espouse 197.
espoux 197.
essaier 206.
estranges 209.
estre 187-88.
estuet 93.
euvre 197.

Faillye 179.
faire 153, 165, 206, 225.
faire l'esteut 261a-c.
fais, fay 219-20.
fait, fet 91, 186, 219, 257.
femme 138, 140, 186.
fermée 210.
ferra 255.
se fie 50, 153.
filz d'omme 114.
finance 179.
finirunt 72, 164.
flaire 167.
fol 153, 157-58.
folie 153, 229.
follement 148.
fortune 80.
foy 163.
frere 209-210.

Gaaing 92.
garder 128.
gens 179.
gentil 88.
glaive 255.
guerre 240.

Hault 94.
hazart 88.
heure 187-88.
homme, homs 16, 24, 94, 115, 207, 216.
honneur 95.
honte 95.

Ira 255.

Jamais 11.
jeuner 117.
joie, joye 158, 197, 222.
jour 240.
jugement 147.
juges 147.

Labeure 3.
lait 168.
langaige 157.
larron 169.
lasse 57.
leche 223.
lerres 165, 169.
liet 159.
loyal 197.

Maintenir 256.
mal, maus, maux 97, 165, 197, 231-32, 235, 257.
maladie 96.
marrastre 80.
mars 240.
mauvais 167.
mere 80.
meri 225.
merite 57.
met 158.
montez 94.
morir, mourir 79, 148.
muable 138.

Naistre 187.
nient, noyent 120, 158.
non 124.
nouvelle 103.
nuyre 234.

Oevre 256.
ordene 24.
ordoiez 171.
ordure 171.

Paiement 256.
paine 148.
se paine 57.
pais 240.
parfiner 230.
parler 198.
Paris 120.
patience 200.
pendre 169.
pense 225.
pensée 197.
pent 93.
per 185.
pere 132.
perir 11, 53.
periz 50.
pert 178.
pertes 92.
petit 201.
pié 232.
pire 231.
point 164.
pos 178.
pot 184.
pou 198.
pourvoye 11.
prendre 200, 229.
pris 121.
privez 165.
preudomme 218.
prise 167.
promet 158.
propose 24.
prouchain 58.

Queue 168.
quille 167.

Receu 157.
refusé 207.

religieux 243.
rendre 121, 147.
respit 240.
ressemble 132.
restore 56.
retour 108.
revenir 96.

Sage 153.
santés 96.
seche 223.
semblable 176.
sens 228.
servir 53, 218.
seut 1.
siet 223.
six 209.
somme 115.
souef 167.

Tant 228.
temps 3, 108, 222.
tenir 179.
tent 216.
terre 74.
tès 178.
testes 228.
torne 169.
tout 89, 200.
touz 79.
se travaille 56.
tricheor 164.
trois 209.
trouve 179.
trovera 226, 257.

Un 208.

Va, s'en va 253, 108.
valent 209.
vault, vaut 109, 162, 240.
il vault miex 187-88.
venir 124.
véu 201.
vie d'omme 74.
viennent 97, 224, 232.
vient 16.
vins 118.
vole 160.
voit 204-205.
s'en vont 232.

Lebenslauf.

Ich, Oswin Wandelt, wurde am 1. Februar 1861 als der Sohn des Drechslermeisters B. W. Wandelt zu Görlitz in Schlesien geboren. Ich bekenne mich zum evangelischen Glauben. Den ersten Unterricht empfing ich in einer Elementarschule meiner Vaterstadt, doch schon im Oktober 1868 trat ich in die Vorschule des Realgymnasiums zu Görlitz ein und besuchte diese Anstalt bis zum 22. Januar 1881. Da Gesundheitsrücksichten mich zwangen einen längeren Aufenthalt an der See zu nehmen, so trat ich Ostern 1881 in die Prima des Realgymnasiums beim Königlichen Domgymnasium zu Colberg in Pommern ein und wurde von dieser Anstalt am 8. März 1882 mit dem Zeugnis der Reife entlassen. Ich halte es für meine Pflicht Herrn Oberlehrer Dr. Frahnert in Görlitz, sowie allen meinen Lehrern in Colberg, insbesondere den Herren Direktor Dr. L. Streit und Oberlehrer F. Schieferdecker meinen tiefgefühltesten Dank an dieser Stelle auszusprechen.

Ich widmete mich 10 Semester lang dem Studium der neueren Sprachen, des Lateinischen und der Geographie. Zunächst bezog ich die Albertus-Universität zu Königsberg in Pr. und hörte daselbst die Vorlesungen der Herren Professoren und Dozenten:

Baumgart, Bezzenberger, Favre, Jordan†, Kissner, Schade, Thiele, Zöppritz†.

Von Michaelis 1883 bis Ostern 1887 setzte ich meine Studien an der Universität Marburg fort. Meine Lehrer waren daselbst:

Bergmann, Birt, Cohen, Fischer, Koch, Lenz, Lucae, Sarrazin, Stengel, Stosch, Vietor, Wissowa.

Sechs Semester war ich Mitglied des romanisch-englischen, sowie des germanistischen Seminars, ausserdem nahm ich fünf Semester an den altdeutschen Übungen des Herrn Dr. Stosch, drei an den litterarhistorischen des Herrn Prof. Dr. Koch und zwei an den geographischen Übungen des Herrn Prof. Dr. Fischer teil.

Am 17. Dezember 1885 bestand ich das Examen rigorosum und am 11. Februar 1887 absolvierte ich das Examen pro facultate docendi. Von Ostern 1887 ab bin ich dem Königlichen Domgymnasium zu Colberg zur Ableistung meines pädagogischen Probejahres überwiesen worden.

Allen meinen akademischen Lehrern, vorzüglich in Marburg, bin ich zu aufrichtigem Danke verpflichtet, insbesondere den Herren Professoren E. Stengel, K. Lucae, M. Koch, H. Cohen und Herrn Dr. J. Stosch, welche mir überaus wertvolle Anregungen gegeben haben. Was ich ihrer unermüdlichen Teilnahme, ihrem fördernden Rate verdanke, kann ich ebensowenig bis ins einzelne verzeichnen, als ich im Stande bin den entsprechenden Ausdruck meines innigst gefühlten Dankes zu finden. Und so muss ich mich auf Moscherosch's Ausspruch berufen:

„Dank sind dankbare Gedanken."